JN207555

「おいワタシ、それでいいのか？」

クリティカル・シンキング

ってなに？

やっほっほ。皆さんはじめまして、クリシンマスターじゃ。自分でマスターなんていうのもなんだか恥ずかしいんじゃが、ちと長くクリティカル・シンキングを教えてるもんで、マスターなんて呼ばれとるんじゃ、ふぉふぉふぉ。

クリティカル・シンキング？なにそれ？なんて思った人もきっと多いじゃろう。
例えば、仕事やプライベートの場面で、

不良品のクレームが続いて、なかなか解決しない

上司に新しい企画を提案しても、納得してくれない

家電を買い替えようと思ったら、いろいろありすぎて決められない

家族にゲームの時間を減らしてほしいのに、なかなか言うこときいてくれない

なーんてこと、ないかい？

こんな悩みを解決してくれるのが、**クリティカル・シンキング**なんじゃ。

クリティカル・シンキングというのは、
クリティカルってのがミソで、
直訳すると「批判的に」という意味なんじゃが、
自分自身の考えに対して批判的、
客観的に見てみる、
つまりメタ認知が大事な思考なんじゃ。

「批判的に」
「客観的に」

いわゆる論理思考との違いなんじゃが、論理的に考える思考のスキルに加えて、
クリティカル・シンキングでは「この考えで十分か？」「他者はどう感じるか？」という
姿勢やマインドも含まれておるんじゃぞ。自分では頑張って、しっかり考えている
つもりでもうまくいかないのは、クリティカルに、つまり自分自身の思いつきではなく、
客観的に考えをチェックする姿勢が足りてなかったりするもんなんじゃよ。

クリティカル
シンキング

論理思考

ビジネスの意思決定に、唯一無二の正解があるわけではない。しかし、より無駄を少なく
効率的に、そして効果的な結論を出すために、直感や経験に基づく独りよがりな考えから
脱却することが、クリティカル・シンキングの効用なんじゃよ。

さて、これから登場するクリコさん、
ちょっとばかり思い込みが強く、これだ！と思ったらよく考えずに
猪突猛進するところがあるんじゃ。

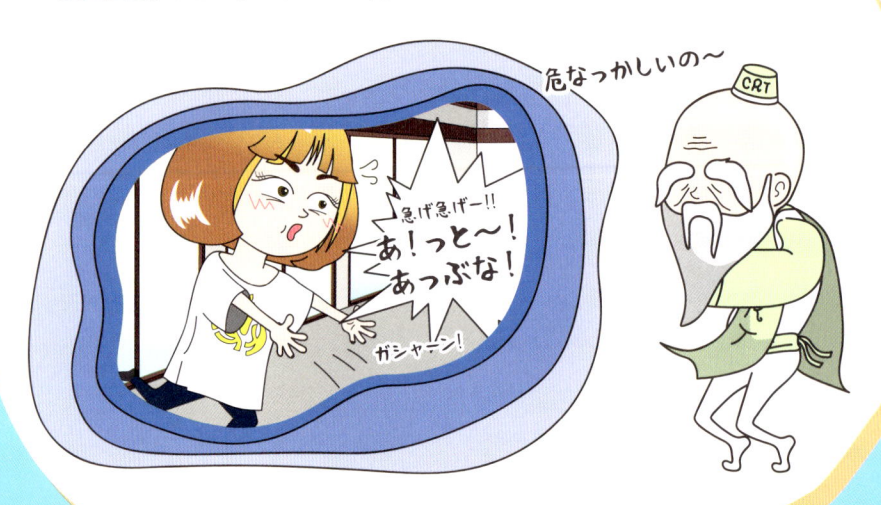

つまりクリティカル・シンキング、略して**クリシンの修行**が必要なんじゃな。

というわけで、
これからクリコさんには
3つのストーリーを通じて、
クリシンを頑張って
学んでもらおうと思っとる。

スタートは、無人島で冒険する
「無人島からの脱出」

次に、社員旅行の企画リーダーにチャレンジする
「アイツを攻略せよ！」

そして和菓子屋で起きた問題を解決する
「消えた⁉「超巨人モンブあん」のナゾ」

このトンデモないことが起こりそうな3つのストーリーを通じて、
クリコさんの学ぶ姿を皆さんと一緒に見ていこうかの。
クリコさんが学ぶ様子を見ながら一緒に学ぶことは、皆さんの力にもなるぞ。

まずは、それぞれのお話のキャラクターたちを次のページに紹介するとしよう。

第Ⅰ部 ☞ P.2 へGo!!

無人島からの脱出

～そうだ、無人島行こう！～

多忙でストレスフルな日々を過ごしている主人公クリコ。リフレッシュするために訪れた無人島「のんびり島」キャンプを楽しんでいたが…なんと、寝過ごして帰りの船が出航してしまう！
果たして、取り残されたクリコは島を脱出することはできるのか？
クリティカル・シンキングを学ぶ冒険が始まる。

Critical Thinking

店員さん
キャンプ用品店店員

どれ？

こっち

そっち

クリコ（主人公）
若手の女性社員、人事部所属
好きなものはお酒
最近の流行りは柴柄の服

惑わしのリス
相手を惑わすことが趣味の
いたずらっ子キャラ
なぜか憎めない
ホンモノのワルに憧れている

クリシンマスター
クリティカル・シンキングの
マスター、時空を行き来
しながらクリシンの普及活動
に余念がない

アピール強めの岩3姉妹
ガンガンアピールしてくる強烈3姉妹
岩美・岩子・岩絵

トリ
一見意地悪だが、
本当は優しいツンデレ
のトリ、トリ!?

仲よし3人組
カエルとイモリとサンショウウオ
の3人組、実は悪の組織「灰色会議」
のメンバーという噂も…

悪の組織
灰色会議

おまけ 👉 P.72 P.146 へGo!!

悪の組織への志望動機

新メンバーを募集している悪の組織「灰色会議」。
ワルに憧れる惑わしのリスが、「組織に入りたい！」と
志望動機を提出。果たして結果は？
惑わしのリスが書いた志望動機をチェックしてみよう。

Critical Thinking

本書とともに視聴することでクリティカル・シンキングの学びがより深まる「GLOBIS学び放題」の解説動画をご紹介します。

ゲーム実況で学ぶ！クリティカル・シンキング

一見学ぶことが難しそうなクリティカル・シンキングを、ゲームを見ている感覚で学んでしまおう！というエンターテイメント性の溢れた解説動画です。イラストアニメーションで構成されているので、楽しみながら学ぶことができます。

論理思考で仕事の壁を乗り越える5つのポイント

物事を論理的に考えられるようになると、仕事の効率が格段にアップします。ビジネスパーソンにとって必須のスキルである「論理思考」を身につけましょう。この解説動画は、論理思考を初めて学ぶ方におすすめです。

QRコードからは、「GLOBIS 学び放題」の解説動画をご覧いただけます。

※冒頭を無料で公開中。会員登録で7日間無料体験でき、全編視聴が可能です。
※動画の公開は予告なく終了することがございます。

クリティカル・シンキング（論理思考編）

クリティカル・シンキングをしっかり学びたい方におすすめの解説動画です。基礎から実践まで学ぶことができ、理解度を確認するためのテストもあるため、知識の定着度合いを確認することができます。

シチュエーションで学ぼう！クリティカル・シンキング編

「頭では理解したけど、実際に使うとなると難しい…」とモヤモヤしている方に、ストーリーに沿って学びを深めていただくことができる解説動画です。実務の中でクリティカル・シンキングをどのように使うのかイメージしながら、ぜひ登場人物の立場で一緒に考えてみてください。

ブックデザイン・DTP
クロスメディア・パブリッシング

イラスト
小松崎良仁

論理と感性を磨く！

クリティカル
CRITICAL THINKING
シンキング

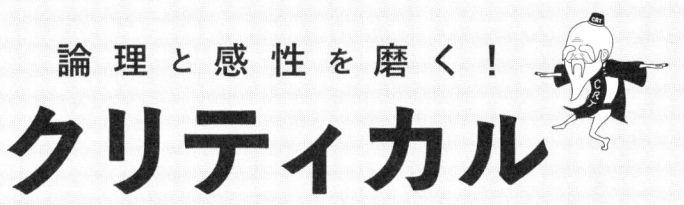

仲道哲二・池田阿佐子［著］
株式会社グロービス［監修］

CROSSMEDIA PUBLISHING

無人島からの脱出

＼第Ⅰ部／ 無人島からの脱出
〜そうだ、無人島行こう！〜

とある会社の若手社員「クリコ」。
所属は人事部なのですが、
ここ最近、慣れない仕事に忙殺
されて、てんやわんやな日々
を送っています。

あ〜もう疲れた…
このままだと抜け
殻になっちゃうわ…

主人公
クリコ

クリコちゃん大丈夫？
なんだかミイラみたい
になってるわよ

え！

誰だお前!?
あぁ、間違いない…
抜け殻だわ私

おせっかい
姉御肌

「のんびり島」

牧歌的な草原と可愛い動物が暮らす森や山。都会の喧騒を忘れさせる時間をご提供します。数千年に一度出現するまぼろしの道伝説も残る、魅惑の島です。

注意書き:
※水や食料を販売している売店はございません。
※船の就航は土日のみとなっています。
※乗り遅れることのないようご注意ください。

おぉー!
素敵すぎる!

む、無人島でキャンプ!
なんか最高!今の私
にはここしかない!
『のんびり島』が
私を呼んでいる!

ふわっ

早速、週末に1泊2日で「のんびり島」キャンプを申し込んだクリコ。しかし、キャンプをするのに必要な道具をほとんど持っていないことに気づきます。

キャンプっていってもこのお気に入りのリュック以外に何にも持ってないな…

から〜ん…

よし！

ボーナスも出たし、キャンプグッズ買い物に行くかぁ！

「のんびり島」は自然豊かで素敵なところっぽいし、ビーチもあるのかな？

というわけで近くのキャンプ用品店に買い物に行くことにしました。

キャンプ用品

楽しみすぎるぅう

第I部
無人島からの脱出

Critical Thinking

無人島からの脱出 ①
無人島でキャンプ！何を買えばいい？

Start 1 2 3 4 5 6 7 8 9 Gole 脱出！

店員さん

クリコ

Critical Thinking

様々なニーズに合わせたキャンプ用品が所狭しと並んでいる店内。目を輝かせながらキョロキョロしているクリコに、店員さんが近づいてきます。

店員 いらっしゃいませぇー。当店は、サバイバルに使用するものからバケーション感覚のものまで、幅広い品揃えのキャンプ用品店でございまぁす。何をお探しですかぁ？

クリコ 今度のんびり島のキャンプツアーに行くことになったので、キャンプに必要なものを揃えに来ました！リュックサック以外はほとんど持ってなくって

店員 のんびり島、いいですねぇ。何かお困りのことがあればいつでもお声がけくださぁい

早速店内を回るクリコ。ワクワクが止まりません。

クリコ この大きなテントに、BBQするガスバーナーとフライパン！そうそう、水と食料も必要よね…トレッキングシューズもあった方がいいか。無人島ということは海に囲まれてるわけだから、ビーチとかもあるよね…あ！このロングワンピースいいかも！

店員 無人島にロングワンピ…ですか？

クリコ あ、このサンダルもかわいい。ボーナスも出たし、このミニパラソル！いっちゃうか？なにこれ、このカゴバッグもワンピースに合うじゃん、かわい〜

お店の品揃えにテンションが上がったクリコは、目の前の欲しいものにルンルン♪ショッピングに夢中になっています。

▶ここで、クリコチャレンジ！

クリコは今、「かわいいものあるかな～？」と考えながら、
ショッピングを続けています。
さて、この行動は問題ないでしょうか？

> **選択肢**
>
> ①問題なし
> ②問題あり

クリコ　はぁ？いきなり、クリコチャレンジ！ってなによ！
　　　　かわいいものを買いたいんだから、「かわいいものあるかな〜？」って考えるでしょ。なにが問題なのよ！

店員　……（かわいいものを買いに来てたんだっけ）

クリコ　な、なに？なんかおかしい？

店員　いえ、のんびり島のキャンプの準備にいらしたのではぁ？

クリコ　そうだけど？キャンプ用品店でしょ？ここ。
　　　　あ、もうこんな時間じゃない!!
　　　　まだかわいいサンダルの試し履きもしてないのに、謎のチャレンジしてる暇ないんだけど

店員　で、問題あると思いますぅ？ないと思いますぅ？

クリコ　①問題なしに決まってるでしょ!!!!

店員　**それでいいの〜？**

さぁ、みんなも考えよう！

正解は…

② 問題あり

クリコ、不正解！

ちょっと、どういうこと！？

POINT

今考えるべきこと＝イシューを特定することが大事
イシューを見失って、お金や時間の無駄遣いに注意

マスター　しゃーないな、解説してやろかい！ふぅ、マスクは暑いのう…

クリコ　げ！あんた誰よ！店員さんじゃないの⁉

マスター　ふぉふぉふぉ。泣く子も黙るクリティカル・シンキングのマスターじゃ

 マスターによるナルホドナ解説

> 　さて、今回の買い物、「かわいいもの」を探しているうちに、気づいたらキャンプにいらないものまで買おうとして、危うく無駄遣いしそうになっておったのぅ。挙句に、ショッピングが楽しくなって何しに来たのかも忘れ、時間ばかりが過ぎてしまっておったではないか。本来は、キャンプに必要なものを買いに来たのに、目の前のことに夢中になって、気づけばお金や時間の無駄遣いをしてしまうことになったわけじゃ。
>
> 　つまり、「今考えるべきことは何か」という、答えを出すべき問いを見失ってしまってなかったかの。この「今ここで答えを出すべき問い」のことを“イシュー”という。このイシューをまずは特定しておくことが重要なんじゃ。
>
> 　今回は「買いそろえないといけないキャンプ道具は何か？」がイシューじゃろ？目の前のものに引っ張られて、知らない間にイシューがズレてしまってないか、結果として無駄な行動をしていないか、イシューを意識しておくことが大事じゃぞ。

クリコ　なんのために買い物に来たのかを見失うなんて。私としたことが…

マスター　ふぉふぉふぉ。まだ学びは始まったばかりじゃ

荷物がカバンに入らない！
どうする？

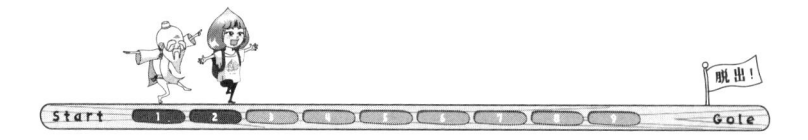

> クリシンマスターの指摘を受け、改めて「のんびり島」キャンプに必要なものを買いそろえたクリコ。家で荷造りを始めましたが…。

クリコ　やだぁ。去年買ったお気に入りのリュックサックに入れていこうと思ってたのに、荷物が入らないじゃない！
　　　　テントや寝袋、調理道具は外せないでしょ。夜は暗いから、絶対ランプは必要でしょ？
　　　　あとは、おやつ、おつまみ、お酒…食料や飲み物も必要だけど…少し減らそうかな。でも足りなくなっても島では調達できないし…
　　　　じゃあ、服を減らす？かわいい服は置いていくとしても、暑いか寒いかわかんないから、念のためフリースとかあったかい上着は持って行ったほうがいいよね…のんびり本も読みたいし
　　　　あ〜全部必要だよ！どれを減らしたらいいの!?

マスター　転ばぬ先の杖、備えあれば憂いなし。どれも大事じゃのう

クリコ　出たな、なんとかマスター！そうなの、どれも大事なの！かわいい服で旅をしろ、って言うでしょ？やっぱこのかわいい服も持っていこ！ぬぐぐ…ハイラナイ…

マスター　（ぬぬ…前途多難）

クリコはリュックサックから溢れる荷物を眺め、どの荷物を置いていくか、途方に暮れるのでした。

> **選択肢**
>
> ① どの荷物を置いていくか？
> ② どうやって必要な荷物を運ぶか？
> ③ どの荷物を優先するか？

クリコ は？そりゃ荷物を減らさないとリュックサックに入らないんだから、どの荷物を置いていくかでしょ。どう？今回はちゃんとイシューを押さえてるでしょ？

マスター よし、それでいいんじゃな？

クリコ いいよ、だってリュックに入らないんだもん

マスター じゃあ、どの荷物を置いていこうかのぅ。このフリースはモコモコしててかさばるな

クリコ 万一、寒いと死んじゃうから持っていかないと

マスター 他に代わりの上着はないのか？

クリコ このモコモコしてるのが、かわいいんじゃないの〜

マスター かわいいものを持っていくんじゃったか？

クリコ あ……必要なものを持っていくんだった。かわいくなくてもあったかければいいのか

マスター そうじゃ。とすると、何を考えるべきか見えてきたのう

クリコ そっか！じゃあ②どうやって必要な荷物を運ぶか？だ！

マスター それでいいかの？

正解は…

②どうやって必要な荷物を運ぶか？
クリコ、正解！

いえーい!!!!
クリコ天才！

POINT

解決すべき問題＝あるべき姿と現状のギャップ
イシューは適切に押さえないと、解決策を見誤る

マスターによるナルホドナ解説

　クリコは荷物を減らしてリュックサックに収めようとしていたが、必要なものは持っていかなければならぬ。その場合、どの荷物を持っていって、どの荷物を置いていくかというイシューでよいじゃろうか？

　そのイシューにこだわってしまうと、「リュックを大きいものに変える」「同じ荷物でもかさばらないものにする」などといった、別の観点のアイディアに目がいかなくなってしまうぞ。

　必要なものを持っていくためにはそれをどうやって運ぶか？と考えれば、解決策の方向性として、「かばんの容量を大きくする」「荷物の数や容量を減らす」などアイデアの幅を広げることができるわけじゃ。

　クリコのように、お気に入りのリュックありきで考えて、どの荷物を減らして収めようかと考えてしまうと、必要なものまで置いていってしまって出かけ先で困ってしまう、なんてことにもなりかねん。今考えるべき適切なイシューは何かを考えるには、「どんな状態を作りたいのか」というあるべき姿と、「今はどうなっているのか」という現状を押さえることが大事なんじゃ。

　今回の場合は、「必要な荷物を運ぶ」というあるべき姿に対して、現状は「自分のリュックに入らない」ということを踏まえ、このギャップを埋めるのにどうやって必要な荷物を運ぶかを考えることが、今解決すべき問題じゃろう。

クリコ　思いついたイシューに飛びつかず、適切なイシューはなにかを考えることが大事ね…

マスター　じゃな

無人島からの脱出 ③
テントはどこに張る？
う〜ん悩ましい！

020

その後、大きなリュックを購入し、なんとか荷物を詰めて出発！
少し高い波に揺られ、船で「のんびり島」に到着しました。

クリコ　すご〜い！こんな大自然初めて…うぇっぷ…気持ち悪い…

無人島の爽やかな風に感動したのも束の間、クリコは船酔いしてげっそりして
います。まずはゆっくり休もうと、テントを張るための場所を探し始めました。

クリコ　さぁて、どこにテントを張ったらいいかなぁ…

リス　やあ。のんびり島にようこそ。なんか困ってんの？

クリコ　テントを張りたいんだけど、いい場所知ってる？

リス　いい場所ね、あるよ。クンクン…これはソーセージと胡椒の匂いだね！そ
のソーセージ1本と胡椒おくれよ。くれたら教えてあげる

クリコ　まぁ1本だけなら…食べ物は他にもあるし、いっかなぁ

リス　どうすんだ？

クリコ　いいよ、ソーセージあげるから教えて

リス　テントを張るのにいい場所は2つあるんだ。広々とした草原で太陽が燦々
と照る明るい場所と、静かな森の木陰がある場所、どっちがいい？

惑わしのリスのアドバイス、どっちもよさげな場所だけど、どっちがよいだろ
うか？とクリコは考え始めました。

▶ここで、クリコチャレンジ！

どちらにテントを張るべきか？というイシューに対して、
どうやって答えを出したらよいでしょうか？

選択肢

① **直感的にイメージが湧いた方**

② **選ぶ基準にマッチした方**

③ **ドンズバ好み**

クリコ　えー、どっちもいい感じよねー。広々とした草原で開放感味わいたいよね

リス　天気もいいし、太陽の光を浴びて、開放感マシマシだぞ

クリコ　でも、静かな森の中もリラックスできそう

リス　そうだな。ハンモックかけて読書とかもできるしな

クリコ　それいいー！本も持ってきたし。ハンモックはないけど…

リス　で、どうするんだ？

クリコ　悩む～。けど、最初に聞いたときに、なんか明るくて開放感ある感じがイメージ湧いたから、①直感的にイメージが湧いた方の草原にテント張っちゃう！

リス　それでいいのか？

さぁ、みんなも考えよう！

正解は…

②選ぶ基準にマッチした方
クリコ、不正解！

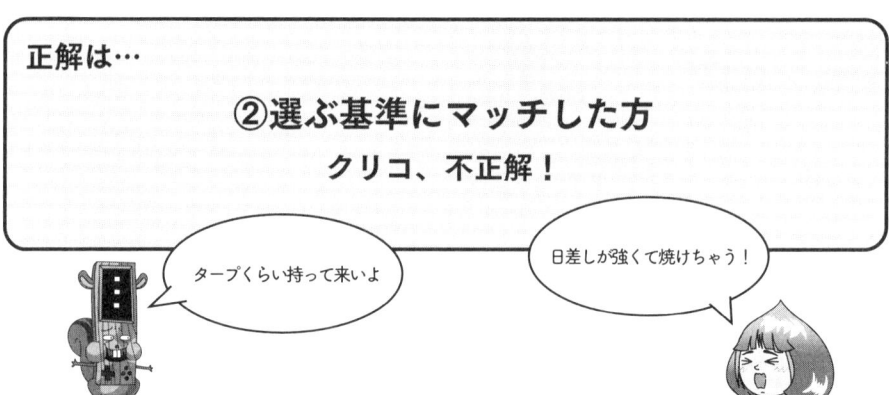

タープくらい持って来いよ

日差しが強くて焼けちゃう！

POINT

イシューに答えるための論点のセット＝枠組みを考える
意思決定の場面では、選択の基準を明確にすること

 マスターによるナルホドナ解説

　直感で明るい草原を選んで、さっそくテントを張ったようじゃが、クリコはあまりの日差しの強さにやられているようじゃの。

　今回の「どちらにテントを張るべきか？」というイシューに答えるためには、直感ではなく、選択するときに何が大事なポイントなのかを明確にしとかなければならん。これを、イシューに対する重要な論点のセット、"枠組み"というのじゃ。つまり、2つのうちどちらを選ぶのか、選ぶ基準を何にするか考えたうえで選択しないと、誤った判断をしてしまうんじゃ。

　アウトドアで快適に過ごそうと思ったら、日差しをよけるものを持ってきていない場合、紫外線の強さはひとつの選ぶ基準になりそうじゃ。他にも気温も気になったり、テントを張ることを考えると風速なんかも基準になるかもしれん。そうすると、例えば、紫外線、気温、風速の3つの論点のセット、枠組みで考えると適切な選択ができたかもしれんのぅ。

クリコ　いきなり答えを出すんじゃなくて、何が大事か考えてから答えを出さないといけないってことね

リス　フムフム、直感じゃだめってことなんだな

無人島からの脱出 ④
船に乗り遅れた！
さてどうする？

> テントを張り直し、のんびり飲み食いしたクリコは疲れもあって、深く眠り込んでしまいました。
> そして翌朝、目覚めたのはなんと、帰りの船が出航した後だったです！

クリコ　あああ!!!!しまった!!!!寝過ごした〜!!!!船は土日だけってことは1週間も帰れないってこと？やばい、船に電話して戻ってきてもらわないと…げっ！バッテリー切れしるっ…

リス　水も食料も昨日全部たいらげてたよな？どうする？

クリコ　あああ…どうしよ

リス　1週間経てばまた船が来るんだろ？だったら時間たっぷりあるから森に遊びに行こうぜ。食べ物もなんかあるさ

トリ　ヘ〜イ！話聞こえちゃったんだけど、なんか困ってル？

クリコ　あんただれよ？あ！トリだ！あの〜、トリさん、私を向こう岸まで運んでくれないかしら？

トリ　ウ〜ン…お前に翼があればなぁ…でもなんで？なんで帰りたいの？島にいればいいジャン。のんびり島はいいとこダヨ〜

クリコ　なんでって。帰りたいものは帰りたいのよ!!こっちは焦ってんの！
お・ね・が・い！

トリ　は？そんなんじゃ、オレっちを説得できないぜ

突如現れたトリに懇願するクリコ。しかし、トリはクリコの頼みを聞いてくれそうにありません。

▶ここで、クリコチャレンジ！

トリはなぜ、クリコのお願いを
聞いてくれないのでしょうか？

選択肢

① 帰りたい理由がわからないから

② お願いする態度が悪いから

③ 帰らせたくないから

クリコ　ただ薄情なだけでしょ、このトリをぼろ！

トリ　な、なんなんだそりゃ！

リス　おいおい…そんな態度じゃ願いを聞いてくれるわけないだろ

クリコ　あ、ごめんなさい、ちょっと言いすぎました。前言撤回。クリコのお願い聞いてほしいの

リス　今度は泣き落としかよww

トリ　ウ～ン…オレっちロンリ・バードだからな～。そこんとこ、わかってほしいワケ

クリコ　え？ロンリー？なんだ、私が行っちゃうのが寂しいのね。あれ？もしかして一目惚れしちゃったとか？ん？

トリ　ロンリーじゃない！論理ダ！

クリコ　はいはい、照れないの。てことで、答えは、③帰らせたくないから、でしょ？

トリ　ヘイヘイ、それでいいのカ？

さぁ、みんなも考えよう！

正解は…

①帰りたい理由がわからないから
クリコ、不正解！

一目惚れしたに決まってる！

コミュニケーションに説得力を持たせるには、主張と根拠をセットで伝えることが大事

マスターによるナルホドナ解説

　クリコの態度を見ていると、もうちょっと低姿勢にお願いできないもんかの〜、なんてことも思うが、トリは「なんで帰りたいのか?」と理由を聞いておったじゃろ。それに対して、クリコは帰りたいという主張だけを繰り返しておった。自分の主張ばっかり伝えたところで、相手は動かぬ。なんでそうしたいのか、理由がわからんと説得力は生まれまい。本気の姿勢を見せるとか、熱意を繰り返し伝えれば、相手を説得できると思っていたのかもしれんが、そうは問屋が卸さないぞ。

　自分のやりたいことを提案するコミュニケーションの場面では、なぜそうしたいのか、主張に対する根拠をしっかりと考えること。相手を動かすためには、自分の主張だけを言い張るのではなく、根拠とセットで伝えることが、説得力を高めるポイントじゃぞ。

　　トリ　根拠が大事ってコトさ。勉強になったな!

　クリコ　む!ロンリ・バードなんて、まったく…

無人島からの脱出 ⑤
おなかが痛い！

> トリが助けてくれないので、ぷんすか怒ったクリコ。森にいてもしょうがないと、とりあえずテントを畳んで歩き出したそのとき…。

　　　　リス　　いててててて

　クリコ　　ど、どうしたの？

　　　　リス　　なんか急におなかが痛くなってきて。助けてくれよ

　クリコ　　なんなのよ、帰れるか帰れないかっていうこの非常事態に。昨日、なんか
　　　　　　変なもの食べたんじゃないの？ソーセージ生煮えで食べたとか

　　　　リス　　いやいや、ソーセージはしっかり焼いて食べたじゃないか

　クリコ　　困ったわねー。じゃあ、この胃薬あげるからこれでも飲んでなさい

　　　　リス　　う〜…この薬で効くのか？

　クリコ　　効くんじゃない？食べ物が原因でしょ

　　　　リス　　おいおい、この薬が効くって、根拠あるのかよ…いてて

　クリコ　　出たよ、ロンリ・バードみたいなこと言うのね

　　　　リス　　原因がわかんないと、この薬が効くかわかんないぜ

　クリコ　　原因ねぇ。食べ物以外に何かあるかしら？

　　　　リス　　なにって…うぅ…食べ物以外だとワインも飲んだかも

　クリコ　　たしかに。原因は食べ物か飲み物の、どっちかね！

クリコとリスはおなかを壊した原因が、前日に飲み食いしたものにあると仮説
を立てました。

▶ここで、クリコチャレンジ！

おなかが痛い原因は「食べ物」か「飲み物」の
いずれかで考えて問題ないでしょうか？

> **選択肢**
>
> ①問題なし
>
> ②問題あり

クリコ　食べ物か飲み物かどちらかで原因を考えて、なにが悪いのよ

リス　そうだよな。けど、クリコも同じもの飲み食いしたじゃねーか

クリコ　たしかにね。私はぴんぴんしてるわ。なんならもう1本くらいワイン飲んでもいいよ

リス　ぬ…寝過ごしたくせに…いてて

クリコ　あ！そうだった。あんたの腹痛に付き合ってる時間はないんだから、早く解決しなくちゃ

リス　食べ物と飲み物の食べ合わせが悪いのが原因、とかなのかなぁ

クリコ　私も同じもの口にしてるからそれじゃないわよ。やっぱあんた、私の知らないうちにひとりで変なもの食べたり飲んだりしたんでしょ。①の問題なし！

リス　**それでいいのか？**

さぁ、みんなも考えよう！

正解は…

②問題あり

クリコ、不正解！

がぁ〜ん！なんでよ〜⁉

問題の原因はモレなくダブリなく（MECE）
考えることが、適切な解決策へつながる

 マスターによるナルホドナ解説

　クリコは、リスがおなかを壊した原因が口にしたものにあると考えて、食べ物と飲み物に分けて考えたわけじゃ。口にしたもののどれかに問題があると、具体的に分けて考えたのは素晴らしい！だが、口にしたものだけが原因だろうか？体の中からの影響でおなかを壊す場合もあるが、体の外からの影響が原因でおなかを壊すこともある。外からの影響だと、例えば寝冷えが原因という可能性もある。同じものを口にしたクリコがおなかを壊していない、ということは、それ以外の原因があったということで、原因の仮説にモレがあったというわけじゃ。

　このように原因の可能性をモレなくダブリなく分けることをMECEと言うんじゃ（詳しくは章末の解説でな）。モレなくダブリなくMECEに考えることで、真の原因を見つけられ、適切な解決策が考えられるようになるぞ。寝冷えが原因じゃったら、胃薬では治らんからのぅ。

クリコ　なるほどね。体の中に入れたものに原因があるって決めつけてたわ。可能性を見落とさないように、モレなくダブリなく、ね

リス　う〜〜。寝冷えなら白湯飲んだら治るかな

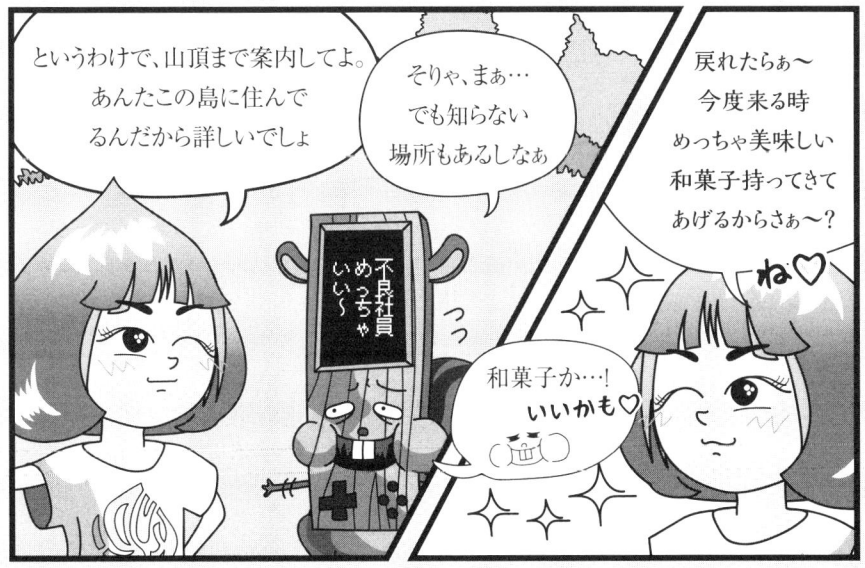

山頂までの ルート

これが
ルートだ

クチャい

暗いし、変な匂い
するんだよなぁ

洞窟

真っ暗な洞窟。中からは変な匂いが
漂ってくる未知の洞窟で、島に住むリ
スでさえも入ったことがない。山頂へ
の近道である。

登るの大変だから
手伝ってあげてもいいぜ

なによ突然…
ツンデレなの?

急峻な岩山

3つの大きな岩が固まっている岩山。
これまで、岩の視線を感じたり、近づい
てくる感覚があるという証言があり、
岩が生きているという噂も。

噂だろ　噂だな

…

ゴール：のんびり島山頂

島全体が見渡せ、絶景を拝むことができるが、付近は滑落
しやすく危険。ちなみに、この島に数千年に一度出現すると
いうまぼろしの道伝説があり、山頂に登ると見れるかも?

目の前に洞窟が！
入る？入らない？

山頂に向けて意気揚々と出発したクリコの後ろを、リスとトリがついていきます。

クリコ　よし！助けてミラー大作戦、絶対成功させてやる！

リス　変な名前の作戦だな

クリコ　いいの！

すると、3人の目の前に、暗くて中が見えない洞窟が現れました。

クリコ　どどど…どうしよう、入っても大丈夫かな？

リス　相変わらず真っ暗だな。この洞窟、昔から変な匂いがするから入ったことないんだよ…

クリコ　え？入ったことないの？ん？なんか温泉たまごの匂いしない？

リス　温泉たまご？この変な匂いのことか？これやばいやつだぞ、きっと

クリコ　温泉たまご好きだし、ちょっと入ってみたいなー。それにこの洞窟、山頂への近道でしょ？

リス　だけどさ…いや、たまごの匂いじゃないって。やめとこうぜ

クリコ　じゃーん！ヘッドライト、スイッチオン〜

リス　いやいや、変なガスが充満してたら嫌じゃんか！やめようぜ

そんな2人の前を、楽しそうにおしゃべりしながら洞窟に入っていく集団が。よく見ると、カエルとイモリとサンショウウオが、きゃっきゃとはしゃぎながら洞窟の奥に消えていきました。

> ▶ここで、クリコチャレンジ！
> カエルとイモリとサンショウウオが楽しそうに洞窟に入って
> いきましたが、クリコも洞窟に入って大丈夫でしょうか？

選択肢

①入ってもよい

②入らないほうがよい

クリコ　なんか楽しそうだったしな〜。ついていってみようかなぁ

リス　まじかよー。楽しそうだから入るって、根拠になってないぞ

クリコ　そうだった。主張には根拠が必要だったわね

リス　まったく…

クリコ　ちゃんと考える。洞窟に入っていったのはカエルとイモリとサンショウウオでしょ。みんな動物じゃない？動物が入っていったってことは、変なガスじゃないってことよ。大丈夫じゃん？

リス　たしかに、動物が入れるってことは、息はできそうだな

クリコ　ちゃんと根拠を考えると、納得感が高まるものね

リス　じゃあ、入るってことでいいけど、暗いのは苦手だからクリコのヘッドライトくれ！

クリコ　弱虫か！①の入ってもよい！

リス　あ〜もう怖いなぁ…本当に入っていいのか？

さぁ、みんなも考えよう！

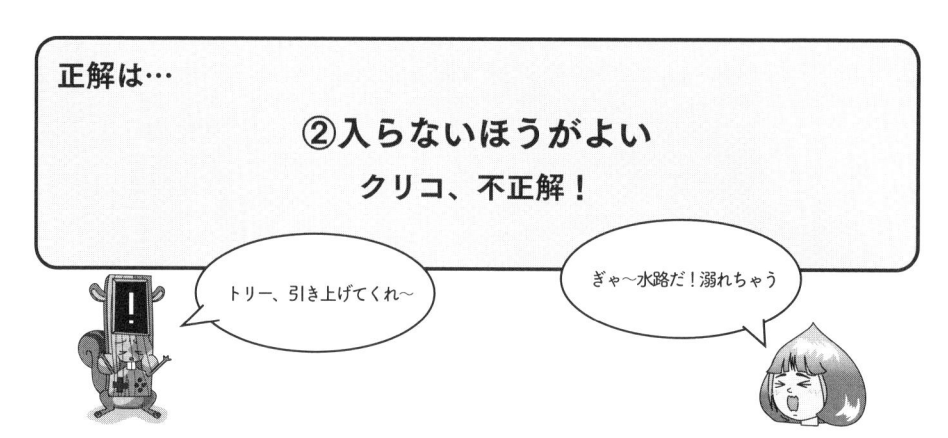

正解は…

②入らないほうがよい
クリコ、不正解！

トリー、引き上げてくれ～

ぎゃ～水路だ！溺れちゃう

046

POINT

帰納的思考：複数の観察事項から共通項を導く思考法
抽象的な共通項に留めないように注意

 マスターによるナルホドナ解説

　いくつかの得られた情報から、共通点に着目して考えたのはGOODじゃ。このように根拠として考える情報のことを、この本では観察事項と呼んでいくぞ。そして、複数の観察事項から共通項を導く思考法を帰納的思考というのじゃよ。仮説を立てるときの頭の使い方として役に立つ思考法じゃぞ。

　今回、カエルもイモリもサンショウウオも「動物である」という共通項に着目し、洞窟の中でも息ができるからガスの心配はない、と判断したのはよかったと思うぞ。ただ、もう少し具体的に考えると、動物の中でもいずれも「両生類である」という共通項も導くことができる。両生類は水の中でも外でも生きられる動物だということに気づけば、水の心配まで気を回せたかもしれんの。

　帰納的思考では、共通項を導く着目点が変わると結論も変わってくるので気をつけるのじゃぞ。抽象的な共通項に留めず、具体的に考えてみることが意味のある結論を導くポイントじゃ。

　何はともあれ、トリが引き上げてくれたおかげで命拾いしたみたいじゃのぅ。

クリコ　ふぅ〜、トリさんが水の中から引き上げてくれて助かった〜

リス　やれやれ、なんてこった。もらったコショウを落としちゃったじゃないか

トリ　ぬるい水だったし、温泉だったのカナ

クリコ　動物って大きいくくりで考えちゃったのがよくなかったか…

迫り来る岩３姉妹！
その魅力はなーんだ？

Start 1 2 3 4 5 6 7 8 9 Gote

脱出！

岩子

岩美

岩絵

だれ？

Critical Thinking

> 温泉洞窟に入るのはあきらめたクリコ。山を登って助けを呼ぼうと山道へ進むことにしましたが、もうすぐ山頂というところで、ゴツゴツした岩壁が現れました。よじ登るのは危なそうです…しかし遠回りしてる時間はありません。

クリコ　ここを一気に登りたい！怖がってる場合じゃないわ!!

トリ　ヨウ、実はオレっちロープ持ってるんだ

クリコ　わ！じゃあロッククライミング手伝ってよ！

トリ　よっしゃ

その時、ゴゴゴゴと岩が近づいてきました！

クリコ　えっ!?この岩、生きてるみたい。噂は本当なの？

岩3姉妹　ねえねえねえ〜

クリコ　なになになに！潰されちゃうよ〜！

岩3姉妹　私たちって素敵でしょ〜？この美しさがわかる〜？ねえ見てよ、この美しいアッシュグレーやライトグレーの艶やかで風合いのある岩肌

クリコ　は、はぁ…

岩美　私はね、閃緑岩でできてるの♡

岩子　私はね、花崗岩でできてるの♡

岩絵　私はね、斑れい岩でできてるの♡

岩3姉妹　私たちに共通する魅力はなーんだ？わかったら登りやすくしてあげる

> ▶ここで、クリコチャレンジ！
>
> 岩3姉妹が伝えたい共通の魅力は何でしょうか？

> **選択肢**
> ① ただの岩
> ② ゴツゴツしてつかみやすい岩
> ③ 結晶がきれいな岩

クリコ　魅力ってなによ、魅力って。ただの岩じゃない！

岩美　しっつれーねー。こんなに魅力あふれる私たちなのに。ちゃんと考えてよっ

トリ　共通する魅力って言ってるんだから、さっきの帰納的思考で考えてミロヨ

クリコ　そんなこと言われなくても、ちょうど今考えようとしてたとこ!!キノウテキシコウでしょ

岩子　どうっ？どうっ？

クリコ　……みんなごつごつしてる

岩絵　もう〜具体的に考えてよ〜

クリコ　そうだった。帰納的思考は具体的に考えないといけなかった。けど、結晶っぽいのあるけどさぁ

リス　ちょっとキラッとするだけじゃね？

クリコ　もうわかんなーい、②ゴツゴツしてつかみやすい岩！

岩3姉妹　ほんとにそれでいいのっ？

さぁ、みんなも考えよう！

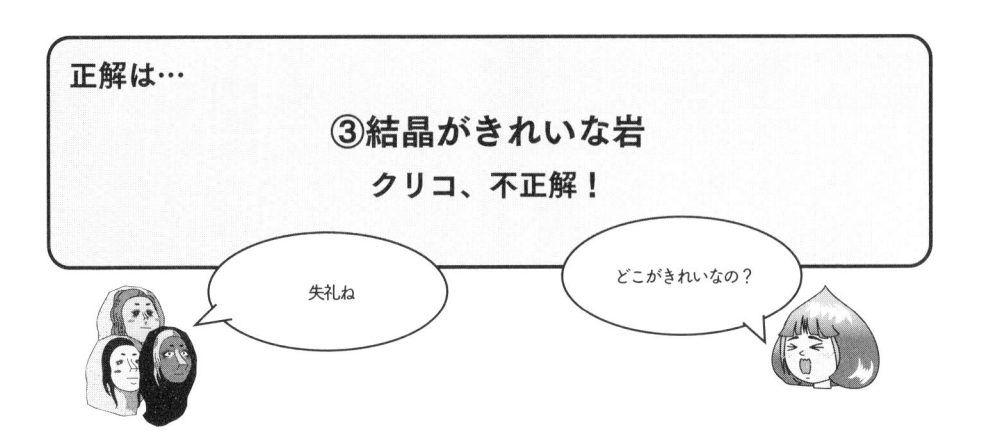

正解は…

③結晶がきれいな岩

クリコ、不正解！

失礼ね

どこがきれいなの？

帰納的思考でより具体的に考えるためには知識も必要

マスターによるナルホドナ解説

　帰納的思考としては、いずれも岩であるし、ゴツゴツしているという点は共通しているので正解っちゃ正解なんだがの。今回のイシューは美しさをわかってほしい岩3姉妹から、魅力はなんだ？って聞かれているので、ゴツゴツしてつかみやすいっていうのは、見た目の魅力とは言えないのぅ。イシューに対して意味のある答えになってなかったのが残念じゃった。

　もしかしたらクリコは知らなかったかもしれないが、閃緑岩も花崗岩も斑れい岩もいずれも岩の種類としては深成岩に分類され、マグマが地下深くでゆっくりと冷やされてできた岩石なんじゃ。この深成岩は、きれいな結晶があることが特徴でのぅ。

　帰納的思考は、共通項を見出す思考法じゃが、それぞれの情報に関する具体的な知識がないと、意味のある結論を出せない難しさも併せ持っとるわけじゃ。

クリコ　そんなんしらぁん!!そもそも結晶がきれいでも岩は岩だわ

岩3姉妹　ガーン。。。

無人島からの脱出 ⑧
絶体絶命!!
島が急浮上!?

Start 1 2 3 4 5 6 7 8 9 Gate

脱出!

Critical Thinking

ゴゴゴ

> あともう少しで山頂、というときに、ゴゴゴゴという轟音とともに島が浮上し始めました！みんな転がり落ちて絶体絶命!!

一同　あれ〜〜〜〜〜

トリ　あ、ロープも切れちっタ

クリコ　ぎゃあ!!!

リス　もうちょっとだっていうときにぃ！

ドシャン！クリコたちは、さっきの洞窟の前まで転がり落ちてしまったのでした。

クリコ　いてて…さっきの洞窟の前まで落ちちゃったじゃないー。せっかく頑張ったのに

???　ハックショーイ!!

クリコ　ぎゃ！な、なに!?さっきの激ぬる温泉でビショビショ！

リス　耳がキーンってする…

クリコ　あれ！これ、あんたが落としたコショウじゃない？

リス　あ、ほんとだ。なくしたと思ったのにラッキー

クリコ　え？なに、今のクシャミみたいなの？地震と同時に水浸しってどういうことよ〜

洞窟の中から激ぬる温泉の水しぶきを浴びたクリコとリスは、いったい何が起きたのかと顔を見合せるばかりです…。

クリコ　いったい、なんなの〜!?

▶ここで、クリコチャレンジ！

▶ここで、クリコチャレンジ！

この洞窟はいったいなんなのでしょうか？

選択肢

① 秘密基地

② 鼻の穴

③ マスターの家

クリコ　なんなの⁉揺れたと思ったら、洞窟からばっしゃーって水かけられるし

　リス　暴風とともに来たよな。中に誰かいるんじゃないか？

クリコ　もしかして、マスターが中から水ぶっかけてきたとか？

　リス　もしや、さっきの両生類トリオの秘密基地があるとか？

クリコ　秘密基地ってなに？よくわかんないんだけどー

　リス　きっと悪の組織の秘密基地があるんだよ…ひひ

クリコ　なに言ってんの。そんなことより、この穴は一体…さっき、洞窟からコショウが飛んできたときに、くしゃみみたいな声しなかった？

　リス　そうだっけ？

クリコ　ってことは、コショウでくしゃみってこの穴、鼻の穴なんじゃない？
②の鼻の穴よ、絶対！

　リス　**こんなでかい鼻の穴があるかよww 本当にそれでいいのか？**

さぁ、みんなも考えよう！

正解は…

②鼻の穴

クリコ、正解！

やっぱりね〜

POINT

演繹的思考：ルール/一般論を観察事項に当てはめて結論を導く思考法
どんなルールを当てはめるかが大事

 **マスターによるナルホドナ解説**

　今回、クリコの頭の使い方としては、コショウが鼻に入るとくしゃみをする（一般論）⇒コショウが洞窟に入ったらくしゃみをした（観察事項）⇒洞窟は鼻だった（結論）という風に、一般論を観察事項に当てはめて結論づけたわけじゃ。この思考法を演繹的思考という。お見事じゃったの。一方で、リスは洞窟には悪の組織が潜んでいるということを一般論として、目の前に洞窟があるという観察事項に当てはめて、洞窟は秘密基地だと結論づけておったが、そんな一般論は聞いたこともないじゃろ？

　演繹的思考はシンプルな論理展開ではあるが、当てはめるルール／一般論が間違っていると結論も間違ってしまうことに注意じゃぞ。

　クリコ　正しいルール／一般論を当てはめないとね！

　リス　で、これ誰の鼻の穴なんだよ…ん？なんか揺れてない？

そのとき、ゴゴゴと大きな音を立てながら、大地が割れギロリと巨大な目が光ったのでした。

　クリコ　うぉぉぉぉ！この島、もしかして巨人の頭!?

無人島からの脱出 ⑨
さぁ脱出！でもどうやって？

060

のんびり島がまさか超巨人の頭とは！おののくクリコたち！
超巨人が数千年ぶりに目を覚ましたようです…果たして…

超巨人　あ〜目が覚めた。誰かが鼻の穴の中さんざん掘って、ぬるくて使えねえとか言ってたとき以来だから…3千年ぶりだわ

クリコ　縄文人あたりが温泉がんばって掘ったのに、ぬるすぎて使えなかったってことかなw

超巨人　ハッ…フッ…フンッ！

クリコ　あれ〜っ！

なんと超巨人の鼻息で飛ばされたクリコたちは、もう一度山頂に到達。
そして、なんとか船を呼び戻したい一心で、山頂から沖に進む船に向かって合図しています。

クリコ　おーい！待って〜、戻ってきて〜

リス　無駄なあがきじゃないのか？

クリコ　うるさい！あんたも手伝いなさいよ

超巨人　頭の上で騒がしいな。なにを騒いでいるんだ？

クリコ　このままじゃ1週間帰れないから、船を呼び戻したいの！

超巨人　なんで、1週間帰れないんだ？

リス　主張には根拠がセットって学んだじゃないか

クリコ　はっ。またやってしまった。島中なんかめんどくさいわね。だってさ、帰る船は1週間後にしか来ないからじゃない

超巨人　ここに船がないから、帰れないってことだな

クリコ　そりゃそうでしょ

超巨人　それはどんな前提を置いているんだ？

超巨人から問いかけられて、「前提」とは何のことを言っているのかわからず、クリコはきょとんとしてしまいました。

> ### 選択肢
>
> 選択肢はなし
>
> 自分で考えてみよう！

リス　さあ、ここは選択肢はなしだ！自分で考えてみるんだ

クリコ　選択肢ないの？クリコチャレンジの難易度あがってる

超巨人　わしの頭の上でたくさんクリティカル・シンキングのトレーニングしただろ

クリコ　たしかに、島に来てからめっちゃ頭使ったわ。島のあっちもこっちも、論理思考を求めてくるんだもん。そもそもただの島だと思ってたから、超巨人の頭だなんて思いもよらなかったし

超巨人　それだよ。ただの島だというのもクリコが置いていた前提だ

クリコ　へ？…あ、なるほど…島はしゃべらないという一般論を当てはめて、ここはのんびり島だからしゃべらないと思ってたのに、島が超巨人の頭でいきなりしゃべってびっくりしたからね

超巨人　で、船がないから帰れないってのは、どんな前提を置いてるんだ？考えてみ？

クリコ　**さぁ、みんなも考えよう！**

リス　**お前が言うのか**

さぁ、みんなも考えよう！

正解は…

島は船でしか渡れないという
前提を置いていた

船でしか渡れないでしょ？

POINT

> # 演繹的思考では、隠れた前提に注意
> # 当たり前だと思い込んでいるルールを
> # 当てはめていないか、前提を疑うことが必要

 マスター、ではなく超巨人によるナルホドナ解説

　演繹的に、島は船でしか渡れない（一般論）、今、船がない（観察事項）。だから、船を呼ぼうという結論にクリコは至ったわけだが、本当にその一般論は正しいのだろうか？船以外で渡る方法がないか考えたか？

　自分が当たり前だと思い込んでいるルール/一般論が本当にそうなのか？と疑うことも大事なんだ。無意識のうちに置いているルール/一般論のことを、隠れた前提という。隠れた前提ってのは、自分が知らず知らずのうちに思いこんでしまっているものだから、考える範囲を狭めてしまうなどの落とし穴に落ちることもある。気をつけるんだよ。

マスター　ふぉふぉふぉ。世界は広いからのぅ。「前提を疑え」っていう言葉を覚えておくといいぞ

超巨人　ようし、船がなくても帰れるようにしてやろう

そう言って、超巨人は陸地に手をかけると、その手が向こう岸につながる道となりました。

クリコ　うぉぉぉぉぉ！なんじゃこりゃ！これで歩いて帰れるじゃん！のんびり島の数千年に一度出現するまぼろしの道ってこのことだったのか。すご〜い！私の考えている世界なんて、ちっぽけね。思い込みの前提に気をつけよっと。ほんじゃ、帰るわ。ばいば〜い！

第1部まとめ解説

第1部、どうじゃったかな？クリティカル・シンキングを学ぶ楽しさが少しでも読者のみんなに伝わったら嬉しいぞ。

では、改めて学んだポイントをおさらいするとしよう。

• イシュー

イシューとは、今ここで答えを出すべき問い。つまり、今考えるべきことは何？ってこと。考えたいことや、考えやすいことではないから気をつけてくれよ。イシューを特定してないと、求める答えにたどり着けなかったり、相手が聞きたいことに答えられなくなるから要注意じゃ。ちなみにイシューを特定するには、あるべき姿と現状のギャップをどうやって埋めていくかを考えることが大事だということも覚えておいてくれよ。

なんにせよ何事も出発点は大事じゃ。イシューを特定することの効用は、効率的に結論を導くことができるということ。イシューを意識していないと、必要のない情報を調べたり分析をしたりして、無駄な労力を使う可能性があるからな。

考える出発点である「イシュー」、覚えておいてくれよな。

• 枠組み

枠組みとは、イシューに答えるために考慮・判断すべきいくつかのポイントのことじゃ。答えを導き出すために必要な論点のセットとも言えるな。例えば、よい力士とは？について考えるときに有名な枠組みとして、心・技・体というものがある。強い精神力はあるか？相撲の技術はあるか？そして強靭な肉体を持っているか？ということを考えて、よい力士かどうかを判断するといったものじゃ。

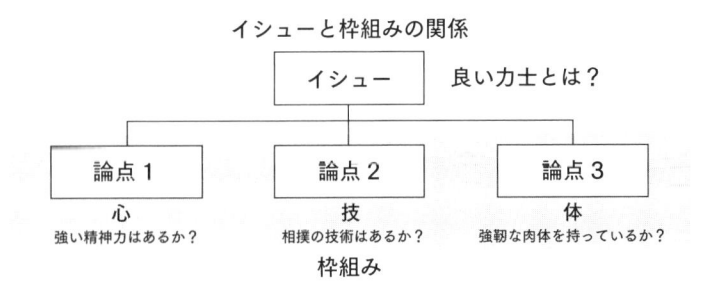

イシューと枠組みの関係

　枠組みを考えることの効用は主に3つある。1つ目は、考えやすいということ。いきなりイシューに答えようとすると何から考えればいいか迷ってしまう。でも、枠組みを考えると考えを整理しやすいんじゃ。2つ目は、見落としや検討もれがなくなる。枠組を考えずに、目についた情報だけに飛びついて結論を出すと、イシューに正しく答えられんぞ。そして3つ目、やはり納得感が違う。重要な論点が揃っていることで納得感のある結論を導き出すことにつながるんじゃ。

　イシューの大事な相棒、「枠組み」を忘れるでないぞ。

● 主張と根拠

　説得力のあるコミュニケーションには、主張と根拠をセットで伝えることが重要じゃ。自分の主張ばっかり伝えても、なぜそうしたいのか？という理由が明確でないと、相手に納得感が生まれん。特にビジネスの現場では、本気の姿勢や熱意だけでは相手を説得できないことも多いぞ。言わなくてもわかってくれるという思い込みにも気をつけたいのう。主張したときは、「なぜならば」の一言を忘れんようにしよう。

　主張と根拠は定番セットメニューじゃからの。

● MECE

　MECE（ミーシー）とは、Mutually Exclusive（ダブりがない）、Collectively Exhaustive（モレがない）、という英語の頭文字を取ったもので、ある事象をモレなくダブりなく、切り分けた状態のことじゃ。なにか問題が起きたとき、全体を分けてみることで、どの部分に問題があるのか、どこに原因があるのかを見つけるのに役立つんじゃ。

　簡単な図で表すとこうじゃ。

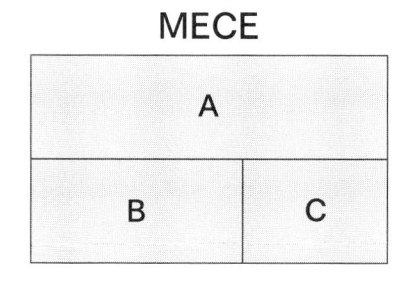

例えば、人を年齢別にMECEに分けるとこんな感じ。わかりやすいかのう。

じゃあ逆にMECEでないっていうのは、ダブりがあったり、モレがあったり、そのどちらもあったり…とまあこんな感じじゃな。

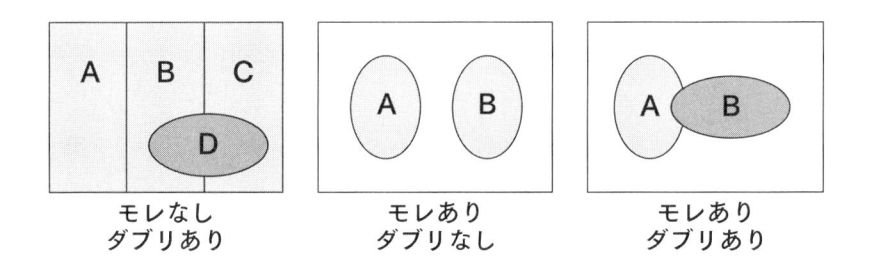

| モレなし | モレあり | モレあり |
| ダブりあり | ダブりなし | ダブりあり |

モレがあると、重要な問題点を見落としてしまったり、ダブりがあると、どれが問題か特定できずにまた分析をやり直す、なんてことが起きて非効率になったり、よろしくないのう。

真の原因を見つける時はMECE（ミーシー）になっているか、注意じゃぞ。

•帰納的思考

帰納的思考とは、複数の観察事項から共通項に着目し、ルールや結論を導く思考法のことじゃ。例えば、「ニンジンには栄養がある」「ブロッコリーには栄養がある」「トマトには栄養がある」といった観察事項がある場合、そこから帰納的に考えると、「野菜には栄養がある」という結論になる。簡単じゃろ？気をつけておきたいポイントは、今回の物語にもあったように、「より具体的に」考えることじゃ。例えばニンジン、ブロッコリー、トマトは、緑黄色野菜じゃから、「緑黄色野菜には栄養がある」とも言える。

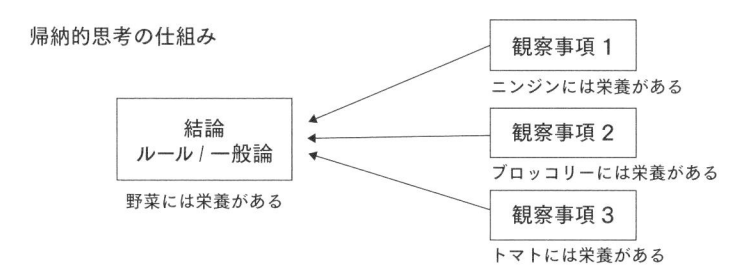

帰納的思考の仕組み

でも野菜には他にも、玉ねぎといった淡色野菜というのもあって、どっちも栄養があるのは一緒じゃが、緑黄色野菜のほうが栄養の中でもカロテンの含有量が多いんじゃ。この話を知っておれば、「緑黄色野菜はカロテンの含有量が多い」とまで言えるぞ。

共通点に着目する帰納的思考。「具体的に」っていうのが合言葉じゃぞ。

●演繹的思考

演繹的思考とは、ルールや一般論を観察事項に当てはめて結論を導く思考法のことじゃ。例えば、「野菜には栄養がある」という一般論があるとして、「ニンジンは野菜だ」という観察事項から、「ニンジンには栄養がある」という結論を導き出せるんじゃ。帰納的思考との違い、わかったかな？

演繹法的思考の仕組み

結論		観察事項
ニンジンには栄養がある		ニンジンは野菜だ

ルール / 一般論
野菜には栄養がある

気をつけたいポイントは、今回の物語でもあったように、それは一般論なのか？という類の怪しいものは使わないことじゃ。洞窟の中には悪の組織の秘密基地があるなんて一般論はおかしいよな。それに、当てはめた一般論が自分の思い込みだったりすることもある。「隠れた前提」っていうやつじゃ。当てはめるルール/一般論を間違えると結論も間違ってしまうぞ。

というわけで、とあるルールや一般論を利用して結論を導く演繹的思考。怪しいルールや思い込みの一般論にご用心。覚えておいてくれよな。

納得・共感してほしいとき、相手にもわかる
比較対象が根拠にないと伝わらん

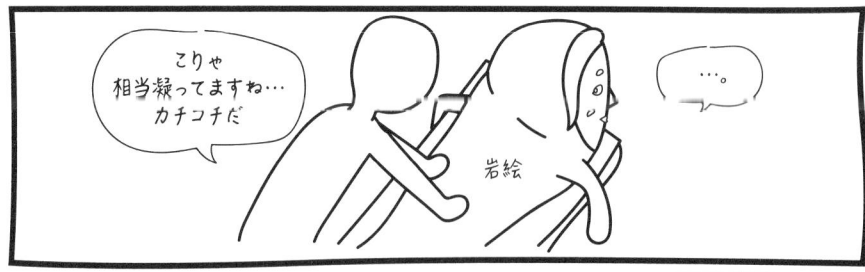

～著者によるおしゃべり解説～

仲道 マッサージのお兄さん、お客さんが岩なのにもかかわらず「身体カチコチですね」って言ってましたけど、岩のお姉さんたちからすると「だって岩だからね」ってなりますよね

池田 でも、この気持ちわかるわー。前に美容院で「頭皮硬い方ですねー」とか言われたことあって

仲道 頭皮が硬い？ そんなこと言われたんですねw

池田 他の人の頭皮とか触ったことないし、しらーんって思ったことあります

仲道 たしかに、誰と比べて言ってるの？って思うから、しらーんってなるかも

池田 でしょ？自分の頭皮、今日は硬いかなーとか考えながら触らないし、普段気にしてないですよね

仲道 やっぱ何と比較しているのか言ってもらわんと伝わりませんな。普通はもっと柔らかいもんですとか、マッサージしてる人はふにゃふにゃです、とかさ

池田 ふにゃふにゃって何w まあでも、何を根拠に？ってなっちゃうと全然共感できないんですよね

仲道 肩こりも同じかもね。他の人と比べたり、普段の調子と比べたり

池田 たしかに。凝ってる凝ってないとか、硬い柔らかいとか、他にも価格が高い安いとかは、根拠として相手にもわかる比較対象がないと、共感してもらえないですね

悪の組織「灰色会議」さま

どうも、惑わしのリスと言います。悪の組織の
新規メンバー募集にワクワクが止まらず、応募しました。
おいらがいかに悪いやつなのかをアピールするために、
とっておきのエピソードを3つお話しします。

① おいらは、とっても悪いやつです。だれよりも悪いやつです。
さっき、メンバーの両生類トリオを見かけましたが、
あいつらより俄然おいらのほうが悪いやつです。
自他ともに認める悪いやつナンバー1です。

② おいらは人を惑わせる悪いやつです。どうするべきか迷って
いる人を見ると、いくつか選択肢を与えて惑わすのです。
前にのんびり島で、目玉焼きに醤油をかけるかソースをかけるか
で言い争っている人を見かけましたが、「コショウもいいぞ」と
惑わせてやりました。

③ おいらは足を引っ張ることが得意です。この間も、頑張ってる
やつに対して、なんだかんだと足を引っ張るような言葉を吐いて
やりました。一緒に冒険してる間に何だか兄弟みたいに感じて、
逆に意地悪したくなっちゃったからです。悪いやつですよね。

こんな感じで、おいらはとっても悪いやつなんです。
この自信は誰よりもあります!というわけで、灰色会議に入れてください。
いいお返事お待ちしてます。

さぁて、この志望動機で悪の組織に入れるかのぅ?
読者のみんなはどう思う?解説は第Ⅱ部の後じゃ!

つづく

アイツを攻略せよ！
～え？私が社員旅行の企画リーダーに！？～

\第Ⅱ部/
アイツを攻略せよ！

Critical Thinking

無人島での学びから、イシューを考えたクリコ。まずは、乾杯の助
（いぬいはいのすけ）など自部門のメンバーを集めて会議をすること
に…さぁ、どうなる？

クリコ　会議のイシューは、「社員旅行について」です。皆さんのご意見をいただき
たいです

A　社員旅行の目的は、親睦を深めることですよね

杯の助　親睦を深めるといえば、昨日営業部の飲み会に誘ってもらったんだけど、
みんなすごい飲みっぷりだったよー

クリコ　なんか楽しそう！でも、毛筆部長がいるとちょっと緊張しません？なんか
毛先がシュパーんってしてるし

B　わかるー！なんか背筋が伸びるよね。いっつも、手書きの文字じゃないと
許しませんっ！とかお堅いこと言ってるし

C　わかる〜。あと、大仏経理部長とかも緊張するよね。そう考えたら社員旅
行なくていいんじゃない？

杯の助　えー、そんなことないよ。みんな飲めば、普段見せない顔見せてくれて楽
しいよー。乾杯は世界を救う！

A　まあ、他部門の人と仕事を忘れて話す機会もなかなかないですしね

杯の助　でしょでしょ？今度、人事部でも飲み会しましょうよ！

D　あ、時間だ。次の会議があるんで、私はこれで

クリコ　え、ちょっとまだ、、、（な、何も決まらなかった…）

そのまま会議時間が終了し、呆然とするクリコなのでした…。

▶ここで、クリコチャレンジ！

会議の場で話が脱線し、決めるべきことが決まらないのは
なぜでしょうか？

> **選択肢**
>
> ① イシューが明確になっていないから
>
> ② イシューが共有できていないから
>
> ③ イシューが押さえ続けられていないから

クリコ　ちゃんとイシューは考えたのに、なんでうまくいかないのよ。イシュー神詰は嘘だったの？

姉御肌　あらクリコさん、どうしちゃったの？

クリコ　姉御肌さん！聞いてくださいよ〜。さっき、社員旅行について会議したんですけど、みんな好き勝手な話ばっかりして、なーんにも決まらずに終わっちゃったんです

姉御肌　あらら…会議の時間がもったいなかったわね

クリコ　みんなリーダーの言うこと聞かないから！

姉御肌　じゃあ、どうすればよかったのかしら？

クリコ　会議の最初に「イシューは社員旅行についてです」って言ったから、イシューは明確にしてるし、みんなにも共有したのになぁ

姉御肌　なるほど

クリコ　…てことは、③イシューを押さえ続けられていないからってことか！この前キャンプ用品を買いに行ったときと同じで、途中からズレちゃったんだ。わかってたのになんでこうなっちゃうの

姉御肌　**本当にそれでいいのね？**

さぁ、みんなも考えよう！

正解は… ① イシューが明確になっていないから
② イシューが共有できていないから
③ イシューが押さえ続けられていないから
の全部です！クリコ、不正解！

えっ全部なの？？？

POINT

関係者がいるときこそ、イシューは明確に認識を合わせ、丁寧に共有し、押さえ続けることが大事 イシューは気をつけないとズレてしまうもの

 マスターによるナルホドナ解説

　今回は、クリコは全てできておらんかったの。キャンプ用品の買い物のときのように、イシューは自分ひとりで考えておっても目の前のことにとらわれてズレてしまう。さらに、関係者が複数いる場合は、各自の関心が高いところに着目してしまうので、なおさらズレやすくなってしまうんじゃ。

　それぞれ、立場だったり持っている情報量などが違う人たちが集まると、イシューはますますズレやすくなるぞ。また、イシューがあいまいだと、それぞれが違う解釈をしてしまうこともあるもんじゃ。

　イシューをより明確に、そして正しく理解できるように丁寧に共有すること。そして議論の中でイシューはズレるもんだと認識し、意識的に押さえ続けようとする工夫をしなければならんぞ。

クリコ　簡単にはイシューは押さえられないのか

姉御肌　イシューは自分で意識しているだけじゃだめなのよね〜

会議の場でイシューは明確にしたつもりだったクリコ。どうしたらよかったのでしょうか？
参加者のひとり、乾杯の助を捕まえて、なぜ議論が脱線してしまったのかヒアリングすることにしました。

クリコ　ねー杯の助さん、さっきの会議なんですけど、社員旅行の企画がぜんぜん進まずに終わっちゃいましたね…

杯の助　たしかに。なーんにも決まんなかったね、さっきの会議

クリコ　そんな他人事みたいに！私、会議の最初にちゃんと、イシューは「社員旅行について」って言いましたよね？聞いてました？

杯の助　あー、うんうん。言ってたね。ちゃんと聞いてたよー

クリコ　じゃあ、なんで全然違う話になっちゃうんですか？

杯の助　なんとなく社員旅行の話だっていうのは認識してたけど、飲み会の話で盛り上がっちゃって、気づいたら忘れてたよ～てへへ～

クリコ　なんとなく、ってなんすかぁ！！年中休肝日にしますよ！

杯の助　ヒィ！だ、だって飲み会の話って最高に楽しいじゃないか～。本当はその場で乾杯したいくらいだけどw

クリコ　うう…また話変わってきた（あ～もう、会議ってどうやって進めんのよ！みんな大人でしょ！ちゃんとして～）

クリコは、イシューを押さえ続ける難しさを再認識するのでした。

選択肢

① 社員旅行に関心がないから

② 社員旅行についてといっても考える範囲が広いから

③ 社員旅行より飲み会が好きだから

クリコ　飲み会の話ばっかりなんだもん。社員旅行なんてどうでもいいと思ってるんでしょ

杯の助　いやいや、そんなことないよ。社員旅行の仕事は毎年楽しみにしてるし、今年もどうやって盛り上げようかワクワクしてるよ

クリコ　じゃあ、なんですぐ飲み会の話になるんですかー

杯の助　ごめんごめん。でもさ、社員旅行でも飲み会の時間はあるでしょ？どんな飲み物揃えようかなとか、おつまみは何がいいかなとか、想像するだけで楽しくなっちゃうじゃん？

クリコ　そんなの社員旅行の一部の話じゃないすか。他に考えないといけないこといっぱいあるのに…どんなテーマにするかとか、どこに行くかとか…

杯の助　たしかにー。でも、飲み会も大事な企画のひとつだよ？たーのしーいよ〜

クリコ　もうっ。③社員旅行より飲み会が好きだからに間違いない！

杯の助　　それでいいのかい？

さぁ、みんなも考えよう！

正解は…

②社員旅行についてといっても
考える範囲が広いから

クリコ、不正解！

飲み会のせい
じゃないの？

POINT

イシューを関係者と共に押さえ続けるためには、イシューは具体的に、問いの形で表現すること

 マスターによるナルホドナ解説

　社員旅行の開催は人事部の毎年恒例の仕事でもあるので、関心がまったくないわけではないのぅ。しかしながら、「社員旅行について」といっても、具体化すると「今年の社員旅行はどこで何をするか？」「どんな人員体制で社員旅行の準備をするか？」だったり、そもそも「社員旅行をやるかやらないか？」などなど、考える方向性はいろいろと考えられてしまう。杯の助の言うとおり、「社員旅行で開催する飲み会をどうするか？」ということも、具体的に考えるポイントのひとつにもなっとるわけじゃ。

　イシューの明確化とは、何について議論するかを具体的に言語化することじゃ。そのためのコツは、「問い」の形にすることを意識してみるといいぞ。人は問われるとそれに答えようと思考するので、「問い」の形にするとイシューがズレていくことを防いでくれるんじゃ。例えば今回の場合「今年の社員旅行はどこで　何をメインイベントにするか？」といった感じにしておくと、まず決めるべきことが明確になってよかったの。

杯の助　俺は飲み会で頭がいっぱいなんだから

クリコ　こんな人がいるから、実践するにはひと工夫が必要ってことね

企画会議のカオス再び！

クリコは改めて、イシューを「今年の社員旅行はどこで、何をメインイベントにするか？」と具体的に設定し、ホワイトボードにでかでかと書いてから会議を始めることにしました。ところが…

クリコ　えー…みなさん、再度お集まりいただきありがとうございます。今日はまず、「今年の社員旅行はどこで、何をメインイベントにするか？」について決めたいと思います

A　どこでやるか、ですが、営業部が忙しいみたいなので、近場がいいんじゃないですかね

B　近場ってどのくらい？日帰りできるくらい？

C　日帰りかー。忙しいなら、毎年創立記念日にやってたけど、開催日を変更するのもありなんじゃない？

杯の助　日程は創立記念日って決まってるし、変えるとなると社長に聞かないといけないよ。メインイベントは、お酒も飲めるイベントがいいな

D　日本酒の試飲会、みたいな？

B　日本酒いいけど、予算足りますかね？

杯の助　いい酒飲みたいよねー。種類もたくさん準備してさ

クリコ　日本酒だけじゃなくてワインとかもあるといいですよね！

杯の助　いいねいいね〜。で、予算はいくらまでいけるんだっけ？

C　予算は経理部長が承認すれば多少の融通は利くはずだけど

A　で、どこでやります？

クリコ　あれ？こんな話してていいんだっけ？

結局、イシューは意識しつつも、場所だけでなく、日程、予算、お酒の種類など、いろいろな話が出てまとまらなくなってしまいました。

選択肢

① 事前に考えた詳細な企画を提案して、多数決をとる

② 企画を決めるのに必要なポイントを事前に考えておく

③ 議論のポイントをホワイトボードに書いておく

クリコ	む　　なんてこう、スムーズに議論が進まないのかなぁ
杯の助	ちゃんとイシューに関係する話はしてたよ。こんなにでかでかとホワイトボードに書かれちゃ、嫌でも目に入るからね
クリコ	それはそうなんですけど、みんなあっちこっち話が飛ぶから、全然まとまんない
杯の助	みんな思いついたアイデアを無邪気に言うからねー
クリコ	一番、無邪気に意見言ってるのは杯の助さんでしょ！
杯の助	ははは、ごめんごめん。でも君だって、ワインもあったらいいとか言ってたじゃないか
クリコ	はっ！しまった…みんなの意見に引っ張られてた
杯の助	議論したいポイントも目に入るところに書いてくれたらもう少し意識できたかも
クリコ	う〜ん…杯の助さんみたいな人の意見に引っ張られないように、①事前に考えた詳細な企画を提案して、多数決をとる、がよかったのかな？

杯の助　　**それでいいのかい？**

さぁ、みんなも考えよう！

正解は…
②企画を決めるのに必要なポイントを
　事前に考えておく
③議論のポイントをホワイトボードに
　書いておく
　の2つです。クリコ、不正解！

正解2つのパターンかよぉ

POINT

イシューに答えるための論点のセット＝枠組みを事前に 考え、議論のポイントとして共有しておくことが 効率的な会議のコツ

 マスターによるナルホドナ解説

　イシューを押さえたら、次は枠組みじゃったの。枠組みとは、イシューに答えるための論点のセットのことじゃ。覚えてるかのぅ？会議の場など関係者が複数いる場合は、イシューと合わせて枠組みも議論すべき論点として提示しておかんと、今議論すべきでない些末な話に時間を取られることにもなりかねん。例えば、「場所の候補は？」「メインイベントの候補は？」「候補を選ぶ基準は？」といったように議論すべき論点も事前に見える化しておくとよいぞ。

　また、スピードを重視して、事前に詳細まで自分ひとりで考えて、参加者に問題ないか合意を取る方法もひとつではあるが、自分が想定していなかった内容にツッコみが入ると逆に時間がかかったりするもんじゃ。それに、今回のように関係者と一緒になって企画を進めるような場面では、論点だけを提示してメンバー全員でアイデアを出していったほうが、一緒に企画を練り上げたという一体感も生まれて、いいことづくめじゃぞ。

クリコ　みんなで一緒に考えて結論を出そうと思ったら、枠組みを考えて提示しておくことが大事なのね

杯の助　誰かの提案に対して賛成か反対かだけだと他人事みたいで、一緒に成功させようって盛り上がらないもんな

この人たちを抑えたらカンパ〜イ！

社内のキーパーソン

毛筆部長

営業部部長。髪の毛先が筆になっている。ビジネスは真心がモットー。文字で伝える時は真心こもった筆文字しか認めないという噂も。

大仏経理部長

経理部部長。慈悲深く、社員全てを見通す深い眼差しを持つ。好きな言葉は「日々是好日」。一方で、無駄遣いには鬼の形相になるという噂も。窓際でちょろちょろしているネズミ社員を気にかけている。

偉大な壁として君臨する社長。「成長とは挑戦である！私を超えてゆけ！」。クリコたち若手社員にとっては、雲の上の存在。

壁道壁男社長

アイツを攻略せよ！ ④
攻略！毛筆部長

社内のキーパーソン情報を得たクリコは、事前すり合わせに向けて、さっそく行動を開始しました。

クリコ　さて…誰から話をすればいいんですかね？

杯の助　そうだな〜まずは営業部の毛筆部長に説明しといてよ

クリコ　え？あの毛筆部長ですかー…緊張するなー

クリコは社内キーパーソンのひとり、毛筆部長にメールで一報を入れ、改めて直接説明することに。

クリコ　あのー…昨日メールした件ですが、えっと、今年の社員旅行の場所とメインイベントの企画を進めてまして。えっと、無人島でのBBQとか、か、壁道社長の名前をお借りして「KABEフェス」と称したカラオケ大会を開催しようと…。それで、えっとー、無人島なら大音量で歌えますし。ど、どうでしょう？

毛筆部長　うーん…メールより毛筆のメモの方がグッとくるんだけど

クリコ　え？毛筆？

毛筆部長　そう。このピンとした毛先で書いた文章見てよ。グッとくるでしょ？

クリコ　はぁ…えっと…それで企画内容はどうですかね？

毛筆部長　無人島BBQにカラオケ大会。ねぇ、それでみんなの心をつないで一体感が生まれる旅行になるかしら？最近仕事が増えて忙しい時期なの。営業には支障はない？

クリコ　心？営業？？

毛筆部長の質問攻めにあったクリコは、意表を突かれて答えに詰まってしまいました。

> ▶ここで、クリコチャレンジ！

クリコの社員旅行企画の報告に、毛筆部長から
矢継ぎ早に質問が来たのはなぜでしょうか？

選択肢

① 毛筆部長の気にしているポイントに言及がなかったから

② クリコの説明がしどろもどろだったから

③ 毛筆部長はできれば社員旅行に行きたくないから

クリコ　ひぃ〜質問攻めされると緊張するんだよなぁ…

毛筆部長　ん？なにかしら？

クリコ　いえっ。緊張して頭がまっしろになりまして。いや、白髪になったわけではなく、頭の中がまっしろになったんです。髪はご覧のようにピッカピカの金髪です！

毛筆部長　なにワケわかんないこと言ってるの

クリコ　もしかして、毛筆部長は社員旅行が嫌いなんですか？

毛筆部長　何言ってんのよ、社員旅行はわが社の毎年恒例、大事な社内行事よ。楽しみにしてるに決まってるじゃない

クリコ　じゃあ、社員旅行のことは気にしてくれてはいるんですね

毛筆部長　当然でしょ

クリコ　楽しみにしてるなら、何をするのか企画内容は伝えたし…てことは、やっぱり、②クリコの説明がしどろもどろだったからかなぁ。緊張しすぎちゃったからなぁ

毛筆部長　それでいいのね？

さぁ、みんなも考えよう！

正解は…

①毛筆部長の気にしているポイントに言及がなかったから

クリコ、不正解！

場所とか内容は伝えたのに？

POINT

コミュニケーションの際は、聞き手を分析し、相手が重視するポイントで枠組みを考える

 マスターによるナルホドナ解説

　毛筆部長は、企画がよいかどうかの判断基準となる点、「一体感が生まれる旅行になるか？」「営業には支障はないか？」について言及がなかったから質問してきたわけじゃ。相手が気にしていることにダイレクトに答える枠組みを考えることが、コミュニケーションのコツなんじゃ。

　企画チームが社員旅行の企画を考えるときの枠組みは、場所や内容だったりするの。一方で、毛筆部長にその企画の承認を得るには、聞き手である毛筆部長の立場に立ち、相手が重視する論点を枠組みにして伝えることが大事なんじゃ。そのためには、聞き手の立場や状況だったり、パーソナリティなんかを分析しておくこと。例えば、毛筆部長が心のこもった筆文字主義であることを考えると、何を大切にしているかのヒントになるじゃろ。このようにしっかり聞き手を分析することで、相手の「認識」や「関心」、こちらの意見に対する「反応」を想定しやすくなり、どんなポイントを伝えればいいか、具体的に準備することができるぞ。

　クリコたちは、一体感を目指して心を動かす企画を考え、営業にも支障がないよう携帯電話の電波の有無も確認してたのに、一発で毛筆部長を納得させられなかったのはもったいなかったのぅ。

クリコ　自分で考えるときの枠組みと、相手に納得してもらうコミュニケーションの枠組みは違うってことかぁ

毛筆部長　チームビルディングの効果や、真心こめた顧客対応が当日もできるってことを毛筆で書いてくれればよかったのに

攻略！大仏経理部長

> その後、毛筆部長にきちんと説明し、GOサインをもらったクリコは、意気揚々と今度は大仏経理部長のもとへ。まずは聞き手分析から始めます。

クリコ　イシューは、今年の社員旅行の企画を通すには？よね。そのために、大仏経理部長を分析すると一、無駄遣いは許してくれないから予算についてはちゃんと言わないとでト。あと、「□□是好□」とかなぜに唱えてるよね…大仏経理部長にとってもいい1日になるよって言えばいいかな…よし、いってみよー!!

そしてクリコは大仏経理部長のもとへ。

クリコ　大仏経理部長、今年の社員旅行の企画なんですが…

大仏部長　ほう。社員旅行の時期ですか。楽しみです。どれどれ、お話伺いましょう

クリコ　はい！お伝えしたいポイントとして、まず1つ目が、予算はいくらか？という点ですが、だいたい100万円くらいの予定です

大仏部長　ふむ。具体的に何に使うのですか？

クリコ　無人島でドーンとカラオケ大会やろうと思ってます。その名もKABEフェス！部長もお好きでしょ？カラオケ

大仏部長　ま、まぁ…

クリコ　日日是好日でしたっけ？、いい1日になりますよ

大仏部長　で？

クリコ　で？…枠組みとしてはこの2つかなと…

大仏部長　なるほど………そんな無駄遣い承認できるかーい!!

クリコ　チーーーーーン！

大仏部長　はっ、私としたことが。おちつけ…おちつけ…

クリコは聞き手の認識・関心・反応を想定しながら枠組みを考えたものの、仏の顔から鬼の形相に変わった大仏経理部長からあっさりNGを食らったのでした。

▶ここで、クリコチャレンジ！

無駄遣いを許さない大仏経理部長を説得したいクリコが、
考えるべきイシューは何でしょうか？

選択肢

① 今年の社員旅行の企画を通すには？

② 社員旅行の予算はいくらか？

③ やる価値のある企画になっているか？

クリコ　イシューはちゃんと考えたのにー

大仏部長　今回クリコさんは、なんで私のところに話に来たんですか？

クリコ　なんでって。大仏経理部長に社員旅行の企画を承認してほしいと思って。だから、イシューは「今年の社員旅行の企画を通すには？」だと考えたんですけど

大仏部長　どうしてそのイシューにしたんですか？

クリコ　だって、企画リーダーとして当然じゃないですか

大仏部長　そうですね。ですが、それを伝えて私にどうしてほしいんですか？

クリコ　予算を出してほしい。はっ！ということは企画の中身がどうこうというわけではなく、予算についてか！②**社員旅行の予算はいくらか？**だったんだ

大仏部長　それでいいんでしょうかね？

正解は…

③やる価値のある企画になっているか？

クリコ、不正解！

予算じゃないんかーい！

POINT

聞き手の立場に立った枠組みを考えるためには、
イシューも聞き手の立場で考える

 マスターによるナルホドナ解説

　聞き手分析をしっかり行い、大仏経理部長の認識・関心・反応を想定して準備したとこまではよかったのぅ。ただ、聞き手の立場に立った枠組みを考えるためには、聞き手の立場に立ったイシューを考えることから始めるのがコツなのじゃよ。

　経理の責任者である大仏経理部長は、費用をいくらかけてよいかの決裁者じゃから、その判断材料を伝えてやらねば意思決定できぬ。日ごろから無駄遣いを許さぬというのは、予算がいくらかではなく、無駄ではない、つまり費用をかけるだけの価値があるかどうかが判断のポイントじゃから、それについて伝えられれば、大仏経理部長も認めてくれただろうの。

　やる価値のある企画、つまり今回は大仏経理部長だけでなく、社員みんなにとっての価値はあるか？という点も伝えることが大事だったんじゃな。イシューを聞き手である大仏経理部長の立場に立って「やる価値のある企画になっているか？」と考えておけば、その判断材料として、「予算はいくらか？」「企画の効果はどのくらいか？」「費用対効果は高いか？」というポイントを枠組みとして伝えることができたのぅ。

　クリコ　　う〜…聞き手の立場になるのは、イシューからかー

大仏部長　日日是好日。効果として、社員みんなにとって大切な日となるなら、費用は惜しみませんよ

攻略！ネズミ社員

Critical Thinking

大仏経理部長から企画としては悪くないが、全社員にとって「日日是好日」であることが大事なんだと諭されたクリコ。企画の承認を出すための条件が、大仏経理部長から出されたのでした。

大仏部長　条件があります。全社員にとって「日日是好日」であるために、ネズミ殿も喜んで参加してくれる社員旅行にしてほしいのです

クリコ　えー、ネズミさんですか？うちの会社で社内行事に唯一ネガティブな人じゃないですかー

大仏部長　いかにも。ネズミ殿はいろいろとめんどくさがってみんなの輪になかなか入ってこない。でもね、ああ見えて以前は世話好きな一面もあったのですよ

クリコ　へぇ、そうなんですか。いつも食堂と窓際をちょろちょろしてるイメージしかなかった。それなら、ネズミさんにも企画チームに入ってもらおっかな！

大仏部長　ほう。それはいいアイデアですね。ぜひネズミ殿を説得してきてください

クリコ　りょっス！

クリコは、ネズミ社員の立場に立って、イシュー、枠組みを考えながら、ネズミ社員の説得のため食堂へ向かいました。

クリコ　えーっと、イシューはネズミさんの立場で考えて、社員旅行の企画チームに入るべきか？だね。あ、ネズミさーん

ネズミ　にょ？にょにょ？

クリコ　ちょっとお話がー

ネズミ　いま、忙しいからちょっと無理

クリコ　いや、いまここ食堂だし、パフェ食べてるじゃん

クリコはネズミ社員の話をさえぎって、説得を始めました。

▶ここで、クリコチャレンジ！

社員旅行の企画チームに入るべきか？というイシュー
に対して、ネズミ社員が「喜んで入ろう！」と前向
きに受け入れてくれるために、枠組みとして入れ
ておいた方がよいポイントはどれでしょうか？

選択肢 ▶

① 会社としての指示か？

② みんなに喜ばれるか？

③ 企画チームには誰がいるか？

クリコ ネズミさん、お願いがあるんですけどー

ネズミ にょにょ？なに？めんどくさいのはごめんだぞ

クリコ ぬ！（さっそく浴びせられる洗礼…）あのですね、今、社員旅行の企画をしてまして、ネズミさんも企画チームに入ってくれないかなーと

ネズミ にょ！めんどくさいやつやん。なんで俺なんだよ

クリコ いや、ネズミさんにも楽しんでほしいんで。企画チームには杯の助さんとかもいるし、楽しく企画できますよ！

ネズミ そういう問題じゃないんだよな

クリコ あれ、杯の助さんとは合わない？枠組み外した？もう、大仏経理部長からの指令だし、何としても企画チームに入ってもらわないと！**①会社としての指示か？で勝負！イヤとは言えないでしょ！！**

ネズミ **俺を説得するのにそれでいいのか？**

さぁ、みんなも考えよう！

正解は…

②みんなに喜ばれるか？

クリコ、不正解！

> 仕事なんだから
> やってよー！！

> **POINT**
>
> ## 相手が納得し、前向きに取り組んでもらうには、論理だけでなく、感情面にも配慮することが大事

 マスターによるナルホドナ解説

聞き手の立場に立って、イシューを考えたことはGOODじゃった。クリコの言うように、会社からの指示の仕事だというポイントを伝えることは、確かに説得するひとつのアプローチじゃ。しかし、それではネズミ社員も仕事として引き受けてはくれるかもしれんが、イヤイヤ参加することになってしまう。そうなると、企画チームに入ったとて、積極的には取り組んでくれまい。

つまり、ロジックだけではなく、感情面も配慮しておかねば人は動かんということじゃ。めんどくさがりに見せて実は世話好き、というネズミ社員の性格を考えると、人に喜ばれることが自分の楽しみでもあろう。それを踏まえて「みんなに喜ばれるか？」というポイントを伝えておけば、イヤイヤではなくやりがいを感じ、喜んで引き受けてくれたかもしれんの。

クリコ　ベテランさんだから社員みんなのことよく知ってるし、きっとみんなに喜ばれますよ！仕事はチーム内で分担するから楽なやつ選んでください！

ネズミ　にょん。しゃーねーな

大仏部長　よしよし

アイツを攻略せよ！ ⑦
教えて！タコ足パイセン

まって〜！ちょい相談が

今忙しいんだケド

タコ足パイヤン

Critical Thinking

> 社内のキーパーソン2人のGOサインを取り付け、いよいよ壁道壁男
> 社長にプレゼンへ。ここまでの学びを活かして、聞き手分析から始め
> ようとしますが…雲の上の人すぎてわからない！ということで、通り
> がかりのタコ足パイセンを捕まえて相談することに。

クリコ　タコ足パイセン、ちょっとご相談が！

パイセン　ナーニ？ちょっと今忙しいんだケド

クリコ　そこをなんとか！ちょっと今困ってまして

パイセン　あと5分でオフィス出ないといけないから、手短ニー

クリコ　りょっス！タコ足パイセン、最強のネットワークで社内のことに関して誰
　　　　　よりも詳しいですよね？

パイセン　まーネ

クリコ　私、今年の社員旅行の企画リーダーやってるんですけど、このあと壁道社
　　　　　長にプレゼンなんですよ〜

パイセン　ウォ、最難関のカベ〜

クリコ　社長の立場に立ってプレゼンの準備をしようと思うんですけど、社長のこ
　　　　　と全然わかんなくって。教えてほしいんです

パイセン　教えてって…イッタイ何をヨ？

クリコ　まぁ…いろいろと

パイセン　いろいろじゃわかんないヨ。アーもう出かけるヨ？

クリコ　ちょっと、待って待って待って！

今すぐ出かけようとするタコ足パイセン。もはやクリコには、1つだけしか質
問する時間はありません。

時間のないタコ足パイセンへ1つだけ質問できるなら、
どの質問がよいでしょうか？

124

選択肢

① 社長は社員旅行に何を期待していますか？

② どうしたら社長を説得できますか？

③ 社長ってどんな人ですか？

クリコ　聞き手分析したくても社長のこと知らないから、今コ足ハイセンに相談してるわけだし、やっぱり社長がどんな人か聞いたほうがいいのかなぁ

パイセン　何ブツブツ言ってんるんだヨ。マジもう出かけるゾ

クリコ　あーん、でもどんな人か聞いて、壁みたいな人だとかどうでもいい答えが返ってきたら、大事なファイナルクエスチョンを無駄にしてしまうー

パイセン　ズバッと聞きたいこと言ってミ

クリコ　聞き手分析で、社長の認識・関心・反応を知りたかったわけだし、何を期待してるかかな…

パイセン　アー、モウ時間切れ！じゃあナ！

クリコ　いやいや、私は最終的には社長を説得したいんだから、②どうしたら社長を説得できますか？

パイセン　それでいいのカ？

さぁ、みんなも考えよう！

①社長は社員旅行に何を期待していますか？
クリコ、不正解！

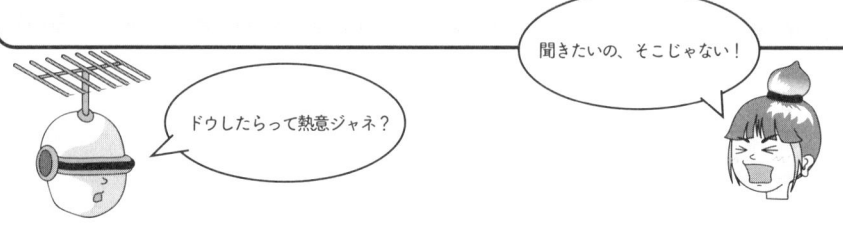

聞きたいの、そこじゃない！

ドウしたらって熱意ジャネ？

聞きたいことを的確に引き出すには、具体的に問いかけることが大事。オープンクエスチョンは、相手によって答える内容のブレが出る

マスターによるナルホドナ解説

　聞き手の分析をするために、どんな人か？を知ることはとても重要。しかし、「どんな人？」と聞くと、その人の性格について答える人もいれば、外見や趣味などいろんな切り口で答えが返ってくる可能性があるじゃろ。

　また、クリコは社長を説得したいわけじゃから、どうしたら説得できるか？という質問をしたくもなる。しかし、「どうしたらいいか？」といったオープンクエスチョンだと、プレゼンに向けた姿勢だったり、資料の作り方だったりとこれもまた幅広く答えが出せてしまうので、すぐに欲しい答えが返ってくるとも限らないんじゃ。いろいろと深掘りして聞き出す時間の余裕がある場合は構わんが、今回のように時間がないときは、一番聞きたいことを具体的に問いかけることを意識せよ。クリコは社長プレゼンの枠組みを考えるために、社長の期待を知りたかったのじゃから「何を期待しているか？」と聞きたいことを明確に聞けるとよかったのぅ。

　このように聞きたいことを的確に引き出すには、「何を知りたいか」「いつがよいか」など、聞きたいことを具体的にして質問するんじゃ。加えて、自分は何でそれを知りたいのか、質問の目的もセットで伝えるとよいぞ。

クリコ　プレゼンの準備のために社長の関心が知りたいって、やっぱりダイレクトに聞けばよかったのかー

パイセン　最初からそう言えョ。社長は毎年、メチャ余興を楽しみにしてるゼ

アイツを攻略せよ！ ⑧
決戦プレゼン！
壁道壁男社長 その1

128

タコ足パイセンからのアドバイスを参考に、企画チームの3人で社長が来るのを待ちながら、どんな枠組みで話すかヒソヒソと相談を始めました。

ネズミ　しっかし、威圧感のある肖像画だな〜

クリコ　そこはいいの！とにかく余興にこだわるらしいから、そこは外せない！大カラオケ大会、その名もKABEフェス！

杯の助　最高の余興じゃん！ガンガン盛り上げても大丈夫なように無人島でやるって話もしとく？

クリコ　たしかに。場所も大事なポイント

ネズミ　予算もじゃないか？せっかく大仏経理部長がOKくれたんだし

クリコ　いいこと言う！ま、ネズミさんが企画チームに入ってくれたおかげよ

杯の助　社長は社員のために予算をかけてくれるのだから、社員が喜ぶかも大事でしょ？カンパーイ！

クリコ　カンパーイ！って、まったく…。でもたしかに、みんなが楽しめて一体感が生まれるっていう企画の狙いも伝えなきゃだ

ネズミ　あとは、めんどくさくないかとか

杯の助　ネズミさんじゃないんだから、社長はそんなこと気にしてないっすよ〜

クリコ　そうです、プレゼンするときの枠組みは自分の言いたい論点ではなく、聞き手が聞きたいポイントを伝えないとなんです！ということで、余興、場所、予算、狙いの4点を枠組みとして伝えよう！

壁道社長　おう、ご苦労さんだね

壁道社長の地響きのような声に、全員震え上がりながら、4つのポイントを枠組みとして決めて、クリコはプレゼンを始めるのでした。

選択肢

① 予算⇒余興の狙い⇒開催場所⇒余興

② 開催場所⇒予算⇒余興の狙い⇒余興

③ 余興⇒余興の狙い⇒開催場所⇒予算

壁道社長　今日は、社員旅行の話だって？

クリコ　はいぃぃ…（緊張する）

壁道社長　どんな企画か聞かせてもらおうじゃないか。いい企画なんだろうな

クリコ　あ、はい。えっと。あの…（どこから話したらいいんだろう）

壁道社長　・・・

クリコ　（あ、圧がスゴイ）

杯の助　おい、早く言えよ

クリコ　余興は一番大事だから、最初がいいのか？いやいや満を持してドーンと最後に言ったほうがいいな。じゃあ、場所からかな

ネズミ　予算じゃないのか？

クリコ　えっ。そうか。いくらかけてやる企画なのか、最初に言わないと、そもそもダメって言われちゃうか。じゃあ、予算はこれくらいで、みんなの一体感を狙って、無人島で、なんと「KABEフェス」ってのをやります！ドーンっていう順番！①予算⇒余興の狙い⇒開催場所⇒余興！

壁道社長　それでいいのか？

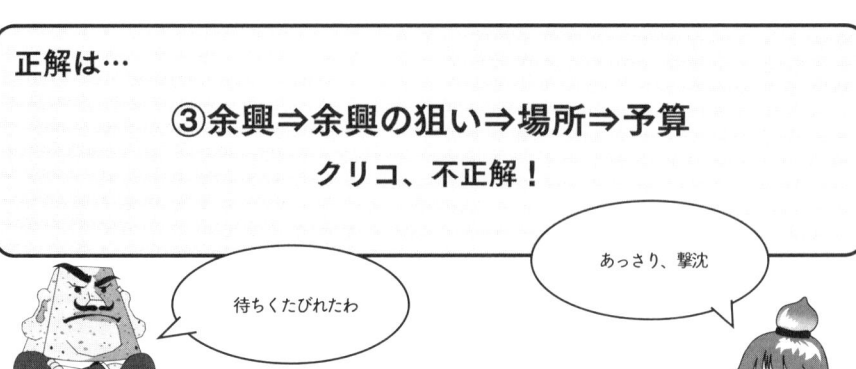

正解は…

③余興⇒余興の狙い⇒場所⇒予算

クリコ、不正解！

待ちくたびれたわ

あっさり、撃沈

POINT

コミュニケーションは聞き手の知りたいことに、
早く、重点的に話すことが大事

 マスターによるナルホドナ解説

　しっかり聞き手の関心に合わせて枠組みを考えたのはよかったが、枠組みの4つのポイントを伝える順番も重要なんじゃ。クリコは、壁道社長の一番の関心事を最後に回して、お待ちかねの余興についてはジャーン！とプレゼンしておったが、壁道社長は余興の話がなかなか出てこないことに、腹の中でイライラしとったかもしれんのぅ。だって一番の楽しみは余興じゃからな。予算はもちろん大事じゃが、いきなり予算を言われても、で、何すんの？と思ってしまうもんじゃ。

　まずは、聞き手の関心ごとを早く伝え、聞き手を聞く気にさせることが重要じゃ。今回の場合は、余興は何をするのか、その企画の効果としてどんなことを狙っているのか、具体的にどの場所で、いくらでやるか、といった順番で言うと、壁道社長も前のめりに興味を持って聞いてくれただろう。

クリコ　まずは聞く気にさせることが大事ってことね。最初にツカミはオッケーって状態にしないといけないってことかー

ネズミ　一発で決められないと、あとあとめんどくさいな

アイツを攻略せよ！⑨

決戦プレゼン！
壁道壁男社長 その2

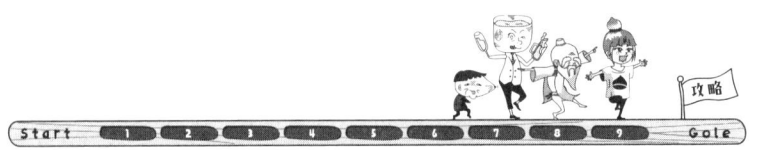

Critical Thinking

社長の関心事である余興について、とっておきの報告として最後にプレゼンしてしまったクリコ。心を掴めず、社長の顔は曇ったままです。

クリコ　あ、あの…私のプレゼン、ダメでした？？

壁道社長　う〜ん…それでは越えられない…私という壁を越えられんぞぉぉぉぉ！

ネズミ　ひぃぃぃぃ

クリコ　ななな、なにがいけなかったんでしょう

壁道社長　なんだと思う？

クリコ　イ、イシュー、枠組みを聞き手の立場で考えられてないから？

壁道社長　ふむ。成長しとるじゃないか。どういうイシューを考えたんだ？

クリコ　社長のお立場で考えて、今年の社員旅行の企画を承認するべきか？

壁道社長　ふむ、いいぞ。それで枠組みは？

クリコ　社長の主な関心事として、余興、場所、予算、狙いの4つを考えました

壁道社長　いいとこついてるじゃないか

クリコ　てことは、やっぱり伝える順番に問題が？

壁道社長　そうだ！伝える順番、つまりストーリーが大事なんだ

クリコ　ストーリー？

壁道社長　聞き手を引き込むストーリーだよ

クリコ　ストーリーか！でも、どうやって考えたら…

クリコは、ストーリーといってもどうやったら聞き手を引き込むストーリーが作れるのか、考え込んでしまいました。

選択肢

選択肢はなし

自分で考えてみよう！

壁道社長	さあ、ここは選択肢はなしだ！自分で考えてみるんだ
クリコ	うわー選択肢なしのやつ！クリコチャレンジ、最難関の壁！
壁道社長	ここまで社内の様々な壁を乗り越えてきたんじゃないのか？
クリコ	はい！コミュニケーションするのに、こんなに聞き手のことを考えまくったことなかったです
ネズミ	俺のことも考えてくれた…
杯の助	ネズミさん、よかったっスね。カンパーイ
壁道社長	コミュニケーションの成否は聞き手が決める、という言葉もある。どんなに一生懸命伝えても、聞き手が納得しなければ意味がない
クリコ	聞き手ファーストってやつですね。聞き手についてどこまで事前に考えておくかがカギですね

壁道社長　いい気づきだ。それで、聞き手を引き込むストーリーを作るためには、事前にどんなことを考えておかないといけないかな？

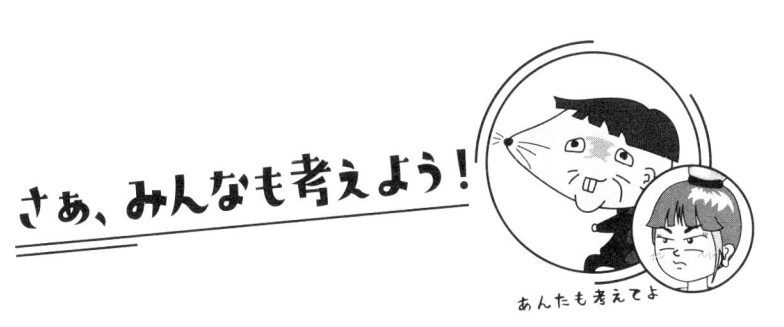

さぁ、みんなも考えよう！

あんたも考えてよ

正解は…

イシュー、枠組みを問いの形で考え、聞き手の疑問に答えていくコミュニケーションのキャッチボールをイメージする

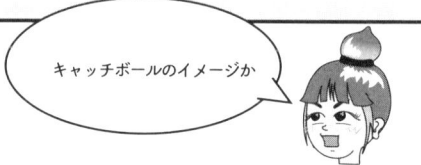

キャッチボールのイメージか

POINT

**伝えたことへの聞き手の反応、
つまりどんな疑問を持つか事前に想定することが、
納得感のあるストーリーにつながる**

マスターによるナルホド／解説

　聞き手を引き込むストーリーを作るには、これを言ったら相手はどんな疑問を持つかな？と相手の頭に思い浮かぶ問いを考え、それに答えていくことがコツなんじゃ。そのためにも、イシュー、枠組みは「問い」の形で考えることが肝じゃぞ。

　例えば、「今年はどんな余興が企画されてるかな？」⇒「KABEフェスと題して、大カラオケ大会をやります！」⇒「なるほど、その意図は？」⇒「みんなで盛り上がって、一体感醸成が狙いです」⇒「いいね。でもそれはできる場所限られない？」⇒「無人島でやるからできるんです」⇒「それならいいね。でも、お金かかるんじゃない？」⇒「このくらいでみんなで楽しめます」⇒「それなら、やろう！」といった風にな。

　聞き手の立場でイシュー、枠組みを考えるだけでなく、どんな反応をするか、どんな疑問を持つかということまで事前に考えて、相手とのコミュニケーションのキャッチボールをイメージしてストーリーを作ることで、納得感を高めることができるぞ。

改めてストーリーを組み立て直したクリコは、なんとか壁道社長のGOサインを取り付けました！

壁道社長　クリコさん、私を越えてきたね！実に愉快！これからもどんどん壁は高くなるからどんどんチャレンジしなさい！

クリコ　ひぃ〜〜〜！壁はほどほどにお願いしまっす！

第II部まとめ解説

第II部どうじゃったかな？自分だけではなく相手がいると、クリティカル・シンキングの面白さもこれまた1つ増したんではないかな？イシュー、枠組みを第I部でやったが、ひとりではなく複数人の関係者がいる中で実践するポイントを整理するとしよう。

【会議の場面での実践のコツ】

・イシューは具体的に、「問い」の形にして見える化することで、関係者とともに押さえ続ける

第I部で、イシューとは今ここで答えを出すべき問い、つまり「今考えるべきことは何？」を特定することだと学んだじゃろ。もっと言うと、関係者とともに明確に特定することが大事なんじゃ。そのためには、何について議論するかを具体的に言語化し、かつ問いの形にするとよいぞ。人は問われると、その問いに答えようとするもんじゃから、議論がズレていくのを防いでくれる。例えば、旅行の計画を考えるときに「旅行について」みたいなぼんやりしたものではなく、「行き先はどこにするか？」「日程はいつにするか？」と具体的な「問い」の形にするといった感じじゃ。そうでないと、立場や関心、持っている情報量などが違う人たちが集まる場では、イシューがズレやすくなる。「あれ？今日は何を議論するんだったっけ？」なんてことも結構あるじゃろ。

さらに、会議の場では問いの形でホワイトボードなど、みんなの目につくとこに書いておくのがオススメじゃ。今考えるべきことが視界に入っいることで、イシューがズレていくのを減らす効果があるんじゃぞ。

・議論したいポイントとして、枠組みを関係者に提示しておく

枠組みとは、イシューに答えるための論点のセットのことだと第I部で学んだな。ではひとりではなく関係者が複数人いるときに使うコツを教えよう。

例えば会議の場など関係者が複数いる場合は、イシューと合わせて、○○と▲▲とxxという論点について議論します、といった感じで枠組みも事前に提示しておくとよいぞ。例えば「どんな広告を行うか？」がイシューだったら、「広告の方法は？」「実施のタイミングは？」「決定の基準は？」というポイントについて話しま

しょう！といった感じじゃ。じゃないと「製品のリニューアルをいつするか？」なんて広告と関係のない話に時間を取られることにもなりかねんから、気をつけるのじゃぞ。

【提案・説得の場面での実践のコツ】

・聞き手の立場で、イシューと枠組みを考える

　提案したり、相手を説得したいというコミュニケーションの場面では、イシューも相手の立場で考えんといかんぞ。当たり前の話じゃが、聞き手の立場ということは、考えるときの主語が聞き手に変わるということじゃ。誰かをランチに誘う場面を例にすると、「私（自分）はランチに何を食べたいか？」ではなく「相手（聞き手）はランチに何を食べたいか？」にせんといかん。それによって枠組みが違ってくるからな。例えば、自分は「メニュー」「予算」「立地」が重要だと思ったとしても、聞き手は「カロリー」「流行」「時間」を気にしていたら、ランチを決める重要なポイントが違うじゃろ。ランチに誘ってOKして欲しければ、伝えるべき枠組みも相手の気にしているポイントにする必要があるんじゃ。そのためにも、相手はどんなことが選択の基準になるか、事前に聞き手を分析しておく必要があるぞ。聞き手の「認識」や「関心」は何かを考えておくことが大事じゃから、普段からよく聞き手の言動に注目しておくといいぞ。口癖なんかも大事なヒントになる。コミュニケーションのときはイシューも枠組みも、主語は聞き手じゃ。覚えておいてくれよな。

・ロジックだけではなく、感情面にも配慮する

　聞き手の立場でイシューと枠組みを考えたとしても、なかなか動いてくれないこともある。人はロジックだけでは動かん生き物じゃ。ほんと難しいのぅ。論理的に頭ではわかっていても、気持ちが乗らないことだってあるじゃろ。人は感情の生き物。聞き手の感情もよく考えた上で、そこに配慮した枠組みを考えることも重要なんじゃ。もちろん言い回しなど、伝え方も大事じゃぞ。何を伝えれば、相手が気持ちよく動いてくれるか、論理と感情と両面から考えるようにするんじゃぞ。

・聞きたいことを引き出すには、具体的にダイレクトに聞く

　久しぶりに会った人から、「最近どう？」なんて質問されて、答えに困った経験はないかの？仕事の話をするか、趣味の話をするか、はたまた体調について話をするか、いろんな答えができるからこそ、相手が何について聞きたいのか困って

しまうじゃろ。こういった質問の仕方をオープンクエスチョンと言うんじゃ。自分が質問して、聞きたい答えをスムーズに相手から引き出すには、このオープンクエスチョンは相手によって答える内容のブレが出るから要注意じゃぞ。時間に余裕があって、幅広くアイデアを聞きたいときなんかは構わんが、スピーディに情報を聞き出したいときは、なるべく具体的に「何を知りたいのか」を質問の意図とセットで聞くと、相手も答えやすいもんじゃぞ。覚えておいてくれよな。

・伝えるポイントの順番は、聞き手の聞きたいことに早く、重点的に答えていく

　聞き手を分析し、聞き手の立場でイシューと枠組みを考えたとしても、伝える順番によって、コミュニケーションがうまくいかないこともあるんじゃ。聞き手は何を1番先に知りたいのか、まずはその関心に答えることでこちらの話に興味を持ってくれると、どんどん引き込んでいけるぞ。もし聞き手が1番知りたいことを後回しにして喋っていると、「えーと、これなんの話でしたっけ？」なんて聞き手の集中力がなくなったり、「で、何やりたいの？」などとイライラされたりすることもある。聞き手が知りたいことは最初に伝えて、ツカミはオッケー！そして、コミュニケーションは相手とのキャッチボール。これを言ったら相手はどんな反応をするかな？どんな疑問を持つかな？などとしっかりシミュレーションしておくんだぞ。ただ、項目だけつらつらと話しても伝わらんからのぅ。キャッチボールをスムーズに進めるには、相手の頭に思い浮かぶ問いを考え、それに答えていく流れをイメージしておくことがコツ。どんな反応をするかまで踏まえたストーリーをしっかり作っておくことが大事じゃぞ。

ゆるコラム.2

伝えたいことが同じでも、相手によって枠組みは変わる

～著者によるおしゃべり解説～

池田 Dさん、サブキャラだったのに、しれーっとクリシン学んでる～

仲道 ちゃんと、「相手の立場で枠組み考えて」とか言っちゃって、めっちゃえらい！

池田 Bさんには、掃除当番代わってもらうのに「メリットはあるか？」「損はないか？」の2つのポイントでお願いして、喜んで引き受けてもらえてましたね

仲道 でも、同じポイントで伝えたCさんにはなぜか拒否られるっていう

池田 同じことをお願いするにしても、相手によって枠組みが変わることもあるってことですね。いつでもどこでも使える枠組みはなかなかなさそう

仲道 そうか。Cさんにとっては、自分である理由が重要だったりするわけですね

池田 そうですねー。それこそ、相手によって認識・関心・反応が違いますもんね

仲道 Bさんは掃除当番はお互い様だと思っているから、メリットがあってデメリットがなければOKだけど、Cさんはできればやりたくない、って思ってるからCさんにお願いしたい理由が必要ってことね

池田 ほんと、掃除当番に対するスタンスで変わりますね。日ごろから相手をよく見ておくってことも大事ですね

仲道 なんだろな～ Cさんが食いついてくれるポイントって

池田 日本酒一杯ゴチならOKだったりしてw

おまけ

悪の組織への志望動機 2

第Ⅱ部どうじゃったかな？改めて惑わしのリスが書いておった悪の組織への志望動機を見ていくかのう。ではもう一度、その内容をチェックじゃ

悪の組織「灰色会議」さま

どうも、惑わしのリスと言います。悪の組織の
新規メンバー募集にワクワクが止まらず、応募しました。
おいらがいかに悪いやつなのかをアピールするために、
とっておきのエピソードを3つお話しします。

① おいらは、とっても悪いやつです。だれよりも悪いやつです。
さっき、メンバーの両生類トリオを見かけましたが、
あいつらより俄然おいらのほうが悪いやつです。
自他ともに認める悪いやつナンバー1です。

② おいらは人を惑わせる悪いやつです。どうするべきか迷って
いる人を見ると、いくつか選択肢を与えて惑わすのです。
前にのんびり島で、目玉焼きに醤油をかけるかソースをかけるか
で言い争っている人を見かけましたが、「コショウもいいぞ」と
惑わせてやりました。

③ おいらは足を引っ張ることが得意です。この間も、頑張ってる
やつに対して、なんだかんだと足を引っ張るような言葉を吐いて
やりました。一緒に冒険してる間に何だか兄弟みたいに感じて、
逆に意地悪したくなっちゃったからです。悪いやつですよね。

こんな感じで、おいらはとっても悪いやつなんです。
この自信は誰よりもあります！というわけで、灰色会議に入れてください。
いいお返事お待ちしてます。

【マスターのナルホドナ解説】

なんだか勢いだけは感じる志望動機じゃが、みんなは気になるところはなかったかの？惑わしのリスは、悪の組織「灰色会議」に入りたいというために3つのエピソードを書いたようじゃが、これで入れるじゃろうか。ひとつひとつ一緒に見ていこうかのぅ。

まず、①のエピソードでは自分はだれよりも悪いやつだ、と書いておったが、これを読んで「たしかに誰よりも悪いやつだな」と納得できたか？他の誰よりも悪い、というための根拠が書いておらんから、「なんで一番悪いって言えるの？」「誰と比べたの？」という疑問が湧いてしまうんじゃ。これじゃあ、相手は納得しない。主張にはまずは根拠をセットで考える、これが基本じゃぞ。

そして、②では人を惑わせる悪いやつだ、と書いておったのぅ。その根拠として目玉焼きの例が書かれておったが、悪いやつだと思ったじゃろうか？悪の組織「灰色会議」が求める世の中が不快に思うような話でもなさそうじゃの。根拠には、適切な例を持ってこなければならぬ。何でも書けばいいわけじゃないんじゃぞ。

最後に③のエピソードじゃが、足を引っ張るのが得意だから悪いやつだと書いておった。その理由に「なんだかんだと足を引っ張るような言葉を吐いた」「逆に意地悪したくなっちゃった」とかいう根拠を書いておったが、具体的にイメージできたか？根拠を書いてもぼんやり抽象的な内容だと、言いたいことも伝わらんぞ。根拠は具体的に書くことも意識するようにの。

そして、そもそもイシューはなんじゃろうか？リスが悪の組織に入ることを許すのは誰じゃろうか？

悪の組織「灰色会議」のトップの立場だとイシューは「惑わしのリスを組織に入れるべきか？」じゃの。その要件が、

・自他ともに認める悪いやつである

・世の中が不快だと楽しいと感じる

じゃったから、この2つの論点で枠組みを整理せねばならん。

リスは3つのエピソードで「悪いやつである」ということは主張しておるが、世の中が不快だと楽しいというエピソードが不足しておる。

これじゃあ、要件を満たしておらんので、不合格になってしまうの。

残念じゃったのぅ。

消えた!?「超巨人モンブあん」のナゾ
～私頑張った！ごほうびゲットだぜ！～

クリティカル・シンキングを駆使して
何とか社員旅行企画の社長承認を
得たクリコと企画チームは喜びの
乾杯をするのだった。

もっちりお餅と甘さ控えめ
のあんこ、そしてその上に
もっさりと乗っかった極上の
マロンクリーム…「きわめっち」って
天才だな

モンブあん
うましょ〜…ヒッ

モンブあん
名物
新発売

お、クリコっち〜！
気持ちよさそうに
酔ってやがんな〜

きわめっちー！
聞いて聞いて！
クリコすごいんだよ！

和菓子屋　萬甘天（よろずあまあま）

店主　極甘大天（きわめあまだいてん）

社長にプレゼンして
OKもらったんだよ〜

そいつはすげえな。
よく頑張ったぞい

そうだ！！

こないだね、無人島行ったらさ、
その島がさ、なんとなんと
巨人の頭だったりするわけ

ほう…
そりゃ、
なかなか
粋な話だな？

でねでね、プレゼン通ったお祝いにね、
この「モンブあん」をさ、
クリコのために
「超巨人モンブあん」に
アレンジしてちょうらい

クリコっちの言うことなら
しゃ〜ないな。
で、どんな感じなんだい？
「超巨人モンブあん」てのは？

154

消えた!?「超巨人モンブあん」のナゾ

Critical Thinking

大変！「超巨人モンブあん」が盗まれた！

極甘大天

> AM7時の開店と同時に、喜び勇んで和菓子屋「萬甘天」に猛ダッシュしたクリコ。しかし！「超巨人モンブあん」があるはずの場所からなくなってしまって、作った極甘大天（きわめあまだいてん）も驚きを隠せません。

クリコ　私のための唯一無二な「超巨人モンブあん」がないぃぃ！

極甘大天　またかぁぁぁ！いったい誰が盗んだんじゃ！

クリコ　ショックが大きすぎて立ち直れない。あさイチで飛んできたのにー

極甘大天　悩ましいぞい。最近こんなことが続いとる。なんとかしないと

クリコ　私もショックだけど、きわめっちもショックよね。ようし、ここは私に任せて！解決してみせる!!

極甘大天　大丈夫かいなぁ

クリコ　私はクリシンをマスターしたのよ！大船に乗ったつもりで！

極甘大天　クリシン？栗の神様か！拝ませていただくぞい

クリコ　違うわ！まずはイシューよ。イシューから考えなくっちゃ

極甘大天　イシュー？うちの店は異臭なんかせんわ！

クリコ　もう、いいから黙ってて！まず、今考えるべきことはなにかというと、なぜ私のための「超巨人モンブあん」はなくなったのか？がイシューね！

極甘大天　いや、クリコっち、ちょっと待って…

クリコは張り切ってイシューを、私のための「超巨人モンブあん」はなぜなくなったのか？と設定して考え始めましたが、極甘大天は浮かぬ顔をしています。

選択肢

① まだクリコにあげたわけではないから

②「超巨人モンブあん」の盗難だけがイシューではないから

③ クリコが考えるべきイシューではないから

クリコ　なんでそんな浮かない顔してるのよ？

極甘大天　いや、クリコっち、あのね…

クリコ　わかった！私の「超巨人モンブあん」なんてどうでもよくって、他のこと考えてたんでしょ！ひどい

極甘大天　いや、そんなことはないぞい

クリコ　じゃあ、なに？私がやっぱり頼りないの？私が口出す話じゃないってこと？そんな他人行儀だったっけか？ん？

極甘大天　いやいや

クリコ　はっ！そうか！「超巨人モンブあん」をくれるって言ったのに、気が変わっちゃったのね？私のための「超巨人モンブあん」じゃないってこと??きっとそうだわ、ひどい！①まだクリコにあげたわけではないから、浮かない顔してるのね!!

極甘大天　そ、それでいいのかい？

さぁ、みんなも考えよう！

なによ、優先度低いっての!?

160

イシューを特定するためには、
状況を整理して背景を踏まえて設定することが大事

 マスターによるナルホドナ解説

　クリコは、「超巨人モンブあん」がなくなったことだけを解決すべき問題としてイシューにしておった。しかし、解決すべきイシューはそれでよいじゃろうか？

　今回の場合、極甘大天は「こんなことが続いとる」とぼやいており、「超巨人モンブあん」がなくなったことはもちろんだが、こうして最近盗難が続いていることに、より頭を悩ませておったのぅ。こうした状況を踏まえると、「どうしたら最近続いている和菓子の盗難を防げるのか？」というイシューを設定すべきじゃった。

　つい我々は、目の前に起きた問題だけに飛びついてしまう。そうではなく、いったん立ち止まり、イシューの状況を整理・確認したうえで、そもそも何を解決すべきか、という視点でイシューを考えることが大事なんじゃぞ。

極甘大天　最近すんごい和菓子を作っても、すぐ盗まれるんだぞい。何か恨みでも買っているのか…

クリコ　そうゆうことだったのねー。ちゃんと話聞いてあげればよかった…しゅんましぇ〜ん

> 極甘大天とクリコは和菓子の盗難を食い止めるために、何をすべきか考えていました。と、そのとき、なんとのんびり島にいたはずの惑わしのリスがひょっこり現れたのです。

リス　よう！元気か？なんか困ってんのか？

クリコ　わっ、あんたのんびり島にいたリスじゃない、なんでこんなところにいるのよ

リス　のんびり島から出てみたかったんだ〜

極甘大天　かわええリスじゃ〜、ほれこっち来い

クリコ　いいから！てことは、あのとき、私の後をついてきてたの？ん？さてはお前が盗んだな！

リス　バカ言うな！一緒に無人島で汗かいた仲じゃないか！しかし、人間ってのは、悪い生き物だな。犯人はどこのどいつだ？

クリコ　そうか、まずは犯人を捜さないとだな。犯人はどいつだ？ってイシューで調査を始めるか

リス　モレなくダブりなく調査しろよ〜、ひひひ

クリコ　あぁ、MECE ってやつね。わかってるわよ

リス　おっ、成長してるじゃないか

クリコ　甘く見ないでよ〜

極甘大天　うち和菓子屋！甘くてなんぼだぞい！

クリコ　いいから黙ってて

極甘大天　あ、はい

クリコ　まずはいつ盗まれたか調べてみよう。時間をMECEにモレなくダブりなく考えると―、朝昼晩で分けて調べるか…完璧に網羅してるよね！みんなで一緒に調べよう!!

クリコは盗まれた時間を朝昼晩に分けて調査することにしました。

> ▶ここで、クリコチャレンジ！

クリコは極甘大天とリスと一緒に、
1日の時間を朝昼晩に分けて考え始めましたが、
問題はないでしょうか？

選択肢

① MECEであるから問題ない

② MECEでないから問題ある

③ 判断できない

クリコ　なに言ってんの、どう考えてもMECEでしょ

リス　相変わらずすぐ決めつけるやつだな、ちゃんと考えろよ

クリコ　普通、朝昼晩って言うじゃない。モレてもダブってもないでしょ

リス　たしかにな

クリコ　あ、夕方がないってこと？

極甘大天　そうしたら、深夜とかもないかも

クリコ　それは、晩に入るでしょ！

極甘大天　ひぃ！クリコっち、厳しい

リス　じゃあ、どうやって分けるよ？

クリコ　うーん、じゃあ、朝・昼・夕方・晩・深夜とかにする？

リス　ってことは？

クリコ　モレがあったから、②MECEでないから問題ある！ってことかなぁ？

リス　**それでいいのか？**

さぁ、みんなも考えよう！

正解は…

③判断できない
クリコ、不正解！

判断できないってどゆこと！

POINT

MECEに分ける際は、
分け方の定義も明確にすることが大事

 マスターによるナルホドナ解説

　朝・昼・晩という分け方は網羅されていてモレはないがのぅ、何時からが朝で何時からが昼なのか、定義が明確になっていないと、人によって認識が違ってしまってダブってしまう可能性があるんじゃ。

　例えば、調査のために、お店に朝昼晩のいつ来たのか？とインタビューしたとしよう。人によっては17時を昼と答えたり、晩と答えたりと認識が違うと、正確な情報が集められん。天気予報なんかは、0：00〜3：00までが未明、3：00〜6：00までが明け方、といったように定義が決まっておる。

　このように、複数名で一緒に考えたり、コミュニケーションをする場合は、定義も明確にして認識を合わせ、MECEにモレなくダブりなく分けておくことが重要じゃ。曖昧な分け方をすると、せっかく苦労して調査したデータも意味のないものになってしまうから気をつけるのじゃぞ。

極甘大天　4時くらいから仕込むときもあるから、4時は朝だと思ってたぞい

クリコ　4時はまだ寝てる時間だから夜でしょ

リス　ほら、定義が合ってないじゃないか

> 改めて時間の分け方の認識を合わせ、調査を始めたクリコたち。犯人の目星をつけようと、手がかりを探しています。

クリコ　きわめっちはいつも何時ごろお店に来るの？

極甘大天　そうだの…遅くとも開店1時間前の6時には店に来ておる。帰りは翌日の仕込みとかで24時くらいになるかのう

クリコ　とすると、盗まれたのは24：00〜6：00の間ね

極甘大天　でも、22：00〜7：00の間はこのビル全体にセキュリティがかかっておって、ビルの関係者以外は入れんぞい

クリコ　てことは、ビル関係者に私の「超巨人モンブあん」を盗んだ犯人がいるのよ

極甘大天　「超巨人モンブあん」だけじゃなくて、栗きんとんとクルミ餅もこれまで盗まれたんだぞい

クリコ　和菓子好きの仕業ね

極甘大天　そりゃ、うちは和菓子屋だから盗まれたのは全部和菓子なんだが…わらび餅、どら焼き、豆大福は盗まれておらん

クリコ　なるほど、和菓子ならなんでもいいわけじゃなくて、こだわりがありそうね

極甘大天　こだわりじゃ負けんぞい！

クリコ　はいはい。盗まれたものと盗まれてないものをヒントに手がかり考えないと…。あんこ好き？お餅好き？

リス　あんこも餅も、盗まれたり盗まれなかったりで、盗まれたものの共通点じゃないな。難しいな〜、ひひ

クリコ　もうわかんない！帰納的思考で共通項を導き出すには知識が必要とか言ってたけど、知らないものはどうしようもないじゃん！だれかヒントちょうだいよー

クリコは盗まれたものと盗まれてないものを見比べながら、地団駄を踏むのでした。

▶ここで、クリコチャレンジ！

盗まれた栗きんとん、クルミ餅、超巨人モンブあんと、
盗まれてないわらび餅、どら焼き、豆大福のそれぞれの
共通項を考えたいとき、どの視点に着目すると
共通項が導き出せるでしょうか？

170

> **選択肢** ▶
>
> ① 和菓子の製造方法に着目する
>
> ② 原材料の栽培方法に着目する
>
> ③ 和菓子の保存方法に着目する

クリコ　ずいぶん具体的に考えさせるのね。和菓子の製造方法ってなによ

極甘大天　練ったり、焼いたり、餅ついたり、どれも様々じゃなぁ

リス　じゃあ和菓子の保存方法か？

極甘大天　それぞれ常温だったり、要冷蔵だったりじゃしなぁ。こだわりの和菓子を、一番美味しく食べて欲しいから…

クリコ　もう、こだわりはいいから！こだわりすぎて、自分で栗の木に登ったりしてないでしょうね？

極甘大天　ん？そういえばクルミも木になる実だな

クリコ　たしかに！盗まれてないわらびとか、豆とか、どらとかは？

リス　どらってなんだよ

極甘大天　わらびも小麦粉も小豆も餅粉も木にはならないぞい

クリコ　それよ！木になっているものを原材料に使ってるんだ！
②原材料の栽培方法に着目する、よ！

極甘大天　**それでいいのかい？**

さぁ、みんなも考えよう！

正解は…

②原材料の栽培方法に着目する

クリコ、正解！

ほらほらほらー！

> **POINT**
>
> **帰納的思考で共通項を導き出すとき、知識がなくても
> 諦めずに具体的に観察事項を考えることで
> ヒントを得ることができる**

 マスターによるナルホドナ解説

今回は帰納的思考、複数の観察事項から共通項を考える思考法で犯人のヒントを考えようとしたところは、クリコのナイスチャレンジじゃった。そして、クリコの言うように、知識の有無で共通項に気づけるかどうかが変わってくる、というのが難しいところじゃのぅ。

そういうときは、知識がないからと諦めるんじゃなく、具体的に和菓子の製造工程に着目したり、原材料の栽培方法を考えてみたり、保存方法を比較したりなど、様々な視点から具体的に観察事項を考えてみることがヒントにつながるんじゃ。今回の選択肢にはなかったが、和菓子の形状に着目したり、賞味期限の長さに着目したりなど、着目ポイントはいろいろある。観察事項のどこに着目するとよいか、具体的に考え抜く粘り強さが、帰納的思考には求められるんじゃな。

クリコ　あんことかお餅とか。パッと目に見えている表面的なところだけじゃなく、具体的に考えるのがコツってことね

極甘大天　よし！木になる実に目がない犯人を探すんだぞい

リス　このビルの関係者の中からな。ひひ

炙り出された犯人像は…
・**木の実が使われている**
　和菓子が好きで
・**24時〜6時の間にビルに**
　出入りできるビルの関係者
ということになったのであった。

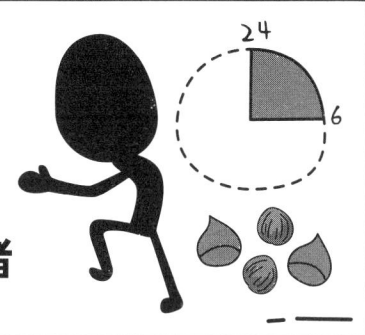

どうだ！

行くぜぇ

きゃっきゃ

よっし、犯人探しに
行こうぜ！

絶対許さん！
この命に変えてでも
『超巨人モンブあん』を
取り戻す！

ちょっと頼もしい？

そうか？

萬世天。

うぉぉぉ〜!!!

そして、調査の結果、犯人像に合致しそうな
3人が捜査線上に浮上したのだった！

3人の容疑者!?

ビルの管理人
ゼニゼニさん

いつもニコニコ管理人室に座っている。甘いものに目がなく、よく萬甘天に和菓子を買いにくるが、ツケ払いが多いという…

老舗和菓子メーカー
まろみ庵のエリアマネジャーさん

ビルの3階に事務所を構えている。和菓子オタクで極甘大天を尊敬しているが、以前からライバル店としてバチバチの関係ではないかという噂も…

洋菓子店メデューサの
クレーム・ジュテームさん

ビル2階で営業している洋菓子店メデューサのパティシエ。洋菓子創作に和菓子のエッセンスを取り入れるため尊敬する極甘大天の和菓子の研究に余念がないらしい…

容疑者1 菓子ビルの管理人ゼニゼニさん

犯人はビルの関係者で、木の実を使った和菓子が好き、という仮説を
立てたクリコたちは、怪しい3人をファミレスに呼び出しました。
まずは1人目、ゼニゼニさんから話を聞くことに。

ゼニゼニ　なんなの〜急に呼び出しなんて。ゼニゼニはパフェいただくわよ！うまそ〜

クリコ　え？あ、どうぞどうぞ…ゼニゼニさんはこのビルの管理人で、萬甘天の和
菓子もよく買いに来てるでしょ？

ゼニゼニ　モチよ！だって国宝級に美味しいじゃない。ゼニゼニだぁ〜い好き

極甘大天　いつもご贔屓に〜

クリコ　ちなみに、木の実は好きですか？栗とかクルミとか

ゼニゼニ　ゼニゼニ、栗が大好きよ〜。栗の和菓子って最高じゃない

クリコ　ところでどうしていつも後払いなんですか？

ゼニゼニ　は？

クリコ　調べはついてるんですよ！支払いだって、いつも「手持ちがないからカー
ドで！」「財布忘れたからツケで！」「請求書送っといてー」とか言ってる
らしいじゃないですか

ゼニゼニ　そうだけど、それがなに？

クリコ　はいはいはい…てことは、ゼニゼニさんってお金ないんでしょ？だからい
つも後払いなんでしょ？

ゼニゼニ　なななな何の話？ゼニゼニ、こんわく〜

クリコ　犯人はおまえだー！きっまりー！

クリコは、ゼニゼニさんが日ごろから後払いが多いことを理由に、犯人ではな
いかと問い詰めました。

▶ここで、クリコチャレンジ！

後払いが多いから、ゼニゼニさんはお金がない
という結論でよいでしょうか？

選択肢

① **お金がないという結論でよい**

② **実はお金はある**

クリコ	手持ちがないとか、財布忘れたとか、お金持ってないって言ってるようなものじゃない
極甘大天	それは、そのときたまたま持って来てなかったというだけかもしれんし
クリコ	じゃあ、萬甘天に買い物に来るときばっかり、お金を持ってないってこと？
リス	そんな都合のいい話あるかよ。いっつもお金ないんだよ、きっと
クリコ	そうよね。私もそう思う。①**お金がないという結論でよい**、に決まってるわ!!
リス	珍しく気が合ったな！
クリコ	いえ～い！

ゼニゼニ　**本当にそれでいいのかしら？**

さぁ、みんなも考えよう！

正解は…

②実はお金はある

クリコ、不正解！

アンタほんとに失礼ね！

うっそだー！

POINT

自分がたまたま見聞きした表面的な部分だけを見て、
結論を一般論化してしまう、軽率な一般化に注意

 マスターによるナルホドナ解説

　帰納的思考では観察事項の共通項に着目して結論を出すがのぅ、たまたま目にした表面的な観察事項だけで結論を出してはならぬ。特に、自分の先入観で物事を見てしまっているときんかは要注意じゃ。

　今回は、ゼニゼニが後払いが多いということで、お金がない人はその場で支払えない、とクリコは考えたようじゃがの。逆に、後払いができる、というのはどういうことなのか考えてみよ。いつも後払いにできるということは、それだけ信用がある、という解釈もできるわけじゃ。お金がないとカードも止められるし、信用できない人にツケを認めたりせんじゃろ？

　表面的な部分で結論づけず、その意味合いもしっかり考えて、軽率な一般化をしていないか注意するのじゃよ。

ゼニゼニ　お金がないなんて失礼しちゃう！ちゃんと払ってるわ！

極甘大天　いつもきちんとお支払いいただいているからこそ、ツケでも大丈夫なんだぞい

クリコ　それ先に言ってよ。ステレオタイプで考えちゃだめってことね。しゅみましぇーん

容疑者2 和菓子メーカー まろみ庵のエリアマネジャー

> クリコたちは、次に怪しいと睨んだ、菓子ビル3階の和菓子メーカー、まろみ庵のエリアマネジャーを問いただすことにしました。

クリコ　さて、気を取り直して…まろみ庵さん。そもそもあなた、きわめっちの競合ですよね？なのに同じビルの3階に入居しちゃって

まろみ庵　え？まぁ同じ和菓子屋ではありますが…でも競合だなんて、大いに尊敬してますよ。くるみ餅なんか傑作じゃないですか

クリコ　あれ？きわめっちは競合には売らない主義なの知ってます？

まろみ庵　地元の和菓子屋には売らないって、有名な話ですよね

クリコ　なのになぜ、くるみ餅を食べたことあるんですか？怪しいぞ〜

まろみ庵　え？私なにか疑われてます!?

クリコ　はい注目〜

極甘大天　なんだなんだ？

クリコ　演繹的思考で考えて…きわめっちは競合には売らない主義（ルール）⇒まろみ庵は競合（観察事項）⇒だから、まろみ庵には売らないってことになるよね

まろみ庵　え？

クリコ　つまり…売ってもらえないから盗んだってことだな！犯人はお前だ、まろみ野郎！

極甘大天　ちょっとちょっと。まろみ庵さんにはお売りしとるぞい

クリコ　え？

まろみ庵　はい。それにネット販売でもお取り扱いさせてもらってますよ

クリコ　な、なにぃ？

極甘大天　クリコっち、なんか勘違いしとりゃせんか？

クリコ　えー、演繹的思考で考えたのに、なんで間違ってるのよ〜

競合だから売ってもらえない、だから盗んだんだ！とクリコは考えましたが、極甘大天とまろみ庵に否定されてしまいました。

▶ここで、クリコチャレンジ！

・競合には売らない（ルール）
・まろみ庵は競合（観察事項）
→だから、まろみ庵は売ってもらえない
という結論を出して、盗んだ理由としたクリコでしたが、
なぜ間違った結論になってしまったのでしょうか？

選択肢

①競合の定義があいまいだから

②競合の中にも例外があるから

③ルールの背景まで考えていないから

クリコ	なんでよ！競合には売らない主義でしょ！
極甘大天	和菓子ってのは地域密着で小さな店がたくさんあるから、真似されんように近隣の競合には売らんことにしとるんだが…
クリコ	なに売っちゃってんのよ
極甘大天	だけど、まろみ庵さんはこの辺に店舗はないしなぁ
まろみ庵	はい。このエリアはネット販売のみですね。3階は単なる事務所です。ちなみに極さんの和菓子は「極シリーズ」として大人気なんですよ！
極甘大天	うれし〜
クリコ	競合は競合でしょー。競合なのに仲よくしてどうすんの！
極甘大天	仲よしっていうか、提携先として組んでおるんだぞい
クリコ	なんでよ？競合なのに？
極甘大天	ネットで売ってくれるまろみ庵さんはありがたいパートナーなんだぞい
クリコ	じゃあ、①②③全部できてないから間違ったってこと!?

まろみ庵　本当にそれでいいんですか？

さぁ、みんなも考えよう！

正解は…

①②③全部
クリコ、正解！

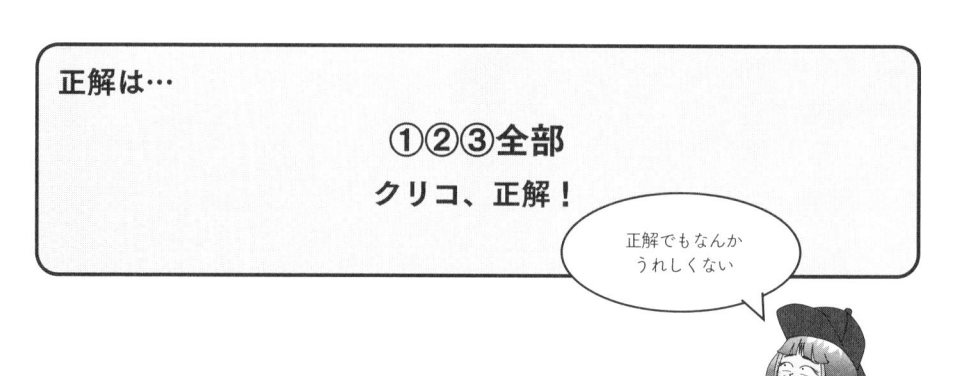

正解でもなんか
うれしくない

POINT

演繹的思考では、
ルールとケースのミスマッチに注意すること

 マスターによるナルホドナ解説

　今回クリコは、演繹的思考の落とし穴にはまっておったな。地元の競合には売らない主義が極甘大天のルールではあったが、地元の競合とは、「地元に店舗がある競合」という定義で考えた場合、このエリアに店舗を持たないまろみ庵は今回のルールに当てはまらんかった。また、仮に地元に店舗を持っていたとしても、ネット通販で提携するまろみ庵は、競合かつビジネスパートナーでもあるため、ルールに該当しないケースもあるわけじゃ。これをルールとケース（観察事項）のミスマッチというんじゃぞ。

　ルールとケースのミスマッチは、定義や範囲をあいまいにしたまま、具体的に考えていないときに起こりやすい。具体的に考えるためには、そのルールの背景、今回の場合は和菓子業界の特性などをしっかり考えておくことが大事なんじゃ。ルールの定義は何か、例外はないかなど具体的にチェックせず、本来結びつかないルールとケースを当てはめてしまうと、間違った答えを出してしまうので、注意するのじゃよ。

クリコ　　そうだったのか…しゅみましぇん再び…

極甘大天　まろみ庵さんには、ほんとにお世話になっておるぞい

まろみ庵　うちとの関係をちゃんとわかってくれたら、盗みなんて必要ないってわかりますよね！

クリコ　　突っ走らずに、具体的に状況理解しとかないとだめってことか…

消えた!?「超巨人モンブあん」のナゾ⑥
容疑者3 洋菓子店のパティシエ クレーム・ジュテームさん

> ゼニゼニさんもまろみ庵さんも犯人ではないとなると、もうジュテームさんに違いないと確信し、クリコは詰め寄っていきました。

クリコ　ジュテームさんは2階の店のパティシエですよね？

ジュテーム　ウィ。よかったら頭のクレームをシルブプレ

クリコ　いや…大丈夫っす

極甘大天　そういえば、この間はまるごと栗大福を切らしておってすまんかったの

ジュテーム　ノーン！せっかく栗と大福のマリアージュを研究しようと思ったのにぃ

クリコ　なるほど…お目当てが手に入らなくておもしろくないのね。栗は木の実だし…怪しい

ジュテーム　え？

極甘大天　クリコっちの会社の創立記念イベントの発注で、売り切れとって

ジュテーム　あのイベントはたくさん作らないといけないから、しょうがないわぁ

クリコ　ん？たしか去年はジュテームさんとこのスイーツだったかも…あ、わかった！大量発注取られたからおもしろくないのね！

ジュテーム　ん？

クリコ　それに、2階より1階の路面店のほうが、お客さんが入りやすいって聞いたことあるぞ。それもおもしろくないんでしょ

ジュテーム　んん？

クリコ　お目当てのまるごと栗大福は手に入らないし、大量発注は取られるし、1階の萬甘天のほうがお客さんが入りやすいから、なんでもかんでもおもしろくないのよ。それで嫌がらせしてるのね。この3つの情報から、ジュテームさんが怪しい！

ジュテーム　ノーン！どうしてそうなるのよぉ！

クリコの話を聞いたジュテームさんは、怒りで頭に血が上り、クリームが溶け始めてしまいました。

▶ここで、クリコチャレンジ！

・お目当てのまるごと栗大福が手に入らなかった
・創立記念イベント用デザートの発注を取られた
・2階より1階の店舗のほうがお客さんが入りやすい
という3つの情報から、ジュテームが極甘大天のことをよく思っていない、という結論を出して、盗んだ理由としたクリコでしたが、なぜジュテームさんは怒ってしまったのでしょうか？

①他の情報を調べてないから

②情報が間違っているから

③クリコに見抜かれてしまったから

クリコ　なによー。なんでそんな真っ赤な顔してんのよ、クリーム溶けしちゃうよ

ジュテーム　クリームじゃなくて、クレームですっ

クリコ　そんなのはどっちでもいいのよ！今回の3つの情報は全部事実だから間違ってないでしょ！

極甘大天　まあ、事実ではあるが。ジュテームさんとはかれこれ10年来の付き合いだし

クリコ　付き合い長いから、他にもジュテームさんのこと知ってるって言いたいの？

極甘大天　まるごと栗大福はたっぷり予約してくれてるんだぞい

クリコ　そんなんで騙されないわよ！まったく！③クリコに見抜かれてしまったから、そんな顔してるのね!!

ジュテーム　本当にそれでいいのん？

さぁ、みんなも考えよう！

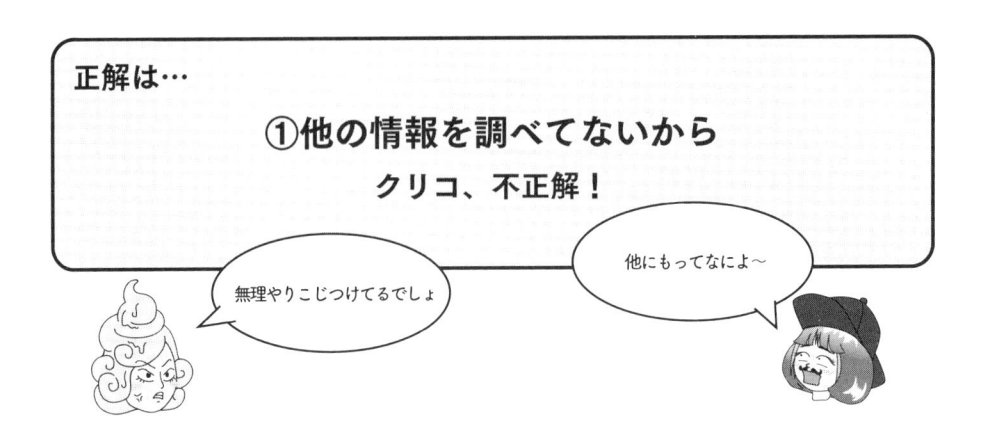

正解は…

①他の情報を調べてないから

クリコ、不正解！

無理やりこじつけてるでしょ

他にもってなによ〜

POINT

都合のよい情報だけを集めると
間違った結論を導いてしまう
不適切なサンプリングには注意

 マスターによるナルホドナ解説

　帰納的思考で、3つの情報の共通項を考えて盗んだ理由の仮説を立てたが、筋の良い仮説ではなかったようじゃの。たしかに、クリコの挙げた3つの情報から考えるとジュテームが盗む動機はありそうじゃが、犯人を決めつけるあまり、都合のよい情報だけをそろえて根拠としてしまっておるの。実際は、購入予約もしてるという話もあったのに、クリコはその情報を無視しておったじゃろ。これを不適切なサンプリングというのじゃ。

　手元の情報から仮説を立てたら、本当にそう言えるか？適切な根拠がそろっているか？とチェックして、仮説を検証することが大事なんじゃ。偏った情報だけで考えると、間違った結論を導いてしまうので、気をつけるんじゃぞ。

極甘大天	ジュテームさんとこは人気の洋菓子店だから、2階でもお客さんはいっぱい来ておる
ジュテーム	この私が、看板パティスィエールなのよぅ
極甘大天	それに、クリコっちのとこの創立記念イベントのデザートはうちとジュテームさんとこと毎年交互に手配されとるやないか
クリコ	そうだった…ジュテームさんが犯人と言えそうな情報だけ集めてたわ
ジュテーム	頭のクレームとあんこのハーモニーもトレビアンよ！
クリコ	そんな情報はいらん…

ぐぬぬ…真犯人は誰だ？

犯人だと疑ったことに対して平謝りに平謝りを重ねて、なんとかクリコは3人と和解。改めて真犯人を探そうと、ヒアリングを始めました。

クリコ　ほんとにしゅみましぇぇぇん！

ゼニゼニ　ゼニゼニ、許してあげる

クリコ　め、まじで？では、気を取り直してヒアリングをと。質問はダイレクトに具体的にね。えー、犯人を知ってますか？

ゼニゼニ　知らないわねぇ

クリコ　…じゃあ、犯人の心当たりはありますか？

まろみ庵　いやぁ、ないですね

クリコ　甘いものに目がない人知らない？

ジュテーム　お客さんはみんなそうよねぇ

クリコ　オープンクエスチョンだと欲しい答えが引き出せないから、クローズドクエスチョンにしたのに、全然前に進まない！

クリコ　じゃあ、24：00〜6：00の間に、怪しい人影とか、物音とかなかった？些細なことでいいからさ

ゼニゼニ　そう言えば、朝5時ごろ3階から1階に降りる物音がしたような

クリコ　おっ！ちょっとヒントになるかも。じゃめじゃあ、セキュリティがかかっている24：00〜6：00の間に菓子ビルを出入りできて、栗とかクルミとか木の実が好きな人は知らない？

まろみ庵　あー、うちの社員でナッツ好きが1人いるかも

クリコ　キタコレー！だれ？だれ？だれなの、それ！

極甘大天　ほぉ〜！クリコっちの問いかけで、いろいろわかってきたぞい

犯人を見つけたと言わんばかりに目をキラキラさせているクリコの横で、極甘大天はクリコの質問の仕方がレベルアップしていることに感心しているのでした。

> **選択肢**
>
> ①オープンクエスチョンにした
>
> ②答えるハードルを下げた
>
> ③考える範囲を限定した

クリコ　なに、私に憧れてんの？

極甘大天　いや、憧れとかじゃなくてね。上手に情報を引き出すようになったなぁと

クリコ　でしょでしょ？これで犯人にたどり着くのはもうすぐよ！

極甘大天　ありがたや。そうやって上手に引き出すコツはなにかな？

クリコ　コツ？質問がオープンすぎると欲しい答えが返ってこないから、ＹＥＳ／ＮＯで答えられるようにするのよ

極甘大天　でも、その質問では、最初何も引き出せなかったような…

クリコ　あ、そうか。やっぱ土下座して答えるハードルを下げたのがよかったのよ。みんな、クリコに協力する気になったんでしょ。土下座して、②**答えるハードルを下げた**、ってのが大事なの!!

極甘大天　**本当にそれでいいのか？**

さぁ、みんなも考えよう！

正解は…

②答えるハードルを下げた＆
③考える範囲を限定した

クリコ、正解のようで不正解！

土下座されたからじゃないわ

ハードルは下げたじゃない

POINT

欲しい答えを引き出すためには、クローズドクエスチョン
だけでも難しい。答えるハードルを下げたり、
考える範囲を限定するのもひとつの工夫

マスターによるナルホドナ解説

　クリコの引き出し力が、徐々にアップしていったのぅ。さすがじゃったが、これを無意識ではなく、意識的に質問できるようになるとなおよいぞ。質問された側は、オープンクエスチョンの範囲が広いと、何から答えていいのかわからなくて悩んでしまったり、質問者の欲しい答えじゃないかもしれないと身構えてしまって答えてくれない、なんてこともある。

　今回のように、「些細なことでいいから」なんて答えるハードルを下げてあげると、情報を引き出しやすくなるんじゃ。また、「24：00〜6：00の間で」「木の実好きで」など考える範囲を狭めることで、答えるほうも考えやすくなった。「怪しい人を見なかったか？」と広い範囲で質問されると、記憶をたどるのも大変じゃからな。

　答える側が答えやすいように質問の仕方を工夫することで、欲しい情報をうまく引き出すことができるようになるんじゃぞ。

　クリコ　　土下座じゃなかったか。でも結果オーライ

まろみ庵　あ、でも、ナッツ好きのうちの社員は今週1週間、出張でおりませんでした

ジュテーム　ノーン！振りだし〜

　クリコ　　えー———

思い出せ！超巨人の喝！

犯人の糸口がなくなり、途方に暮れてしまったクリコ。そのとき！
ゴゴゴゴと地響きが！なんと、のんびり島のあの超巨人がファミレス
の窓から覗き込んでいるじゃありませんか！

超巨人　おぉい！まだそんなところでつまずいているのか？

クリコ　な、な、なんでここに超巨人が!?

超巨人　今朝、わしが盗まれた〜！って叫んでただろう？海の向こうまで聞こえたぞ

リス　いや、超巨人じゃなくて、「超巨人モンブあん」な

超巨人　ところでクリコ、のんびり島で教えたことをもう忘れてしまったのか？

クリコ　えっと…なんだっけ？

超巨人　何に気をつけろって教えたか、思い出せえ

クリコ　はっ、隠れた前提に気をつけろって言われたんだった

超巨人　そうだ。今もその落とし穴に落ちておらんか？

クリコ　えー、いったいどんな前提が隠れてるっていうのよ

超巨人　まだまだクリコが見ている世界は狭いな。今はどんなイシューでここに集まっているんだ？

クリコ　きわめっちの和菓子の連続盗難事件を解決するために、まずは「犯人はどいつだ？」ってイシューで、こうして集まってんの

超巨人　ほう。で、そのイシューにクリコの前提が隠れてないか？

リス　おっと、スタートまで戻っちゃう？

クリコ　えっ、イシューの前提!?

超巨人　さあ、自分が思い込んでしまっている前提がないか、考えてみろ

ぐいぐいと窓の外から詰め寄ってくる超巨人の鼻息で、ファミレスの窓は今に
も割れんばかりにガタガタと音を立て始めました。

▶ここで、クリコチャレンジ！

クリコは「犯人はどいつだ？」というイシューを考える
にあたって、どんな前提を置いているでしょうか？

> **選択肢**
>
> 選択肢はなし
> 自分で考えてみよう！

クリコ　えー、〜〜で選択肢なしパターン？

超巨人　ちゃんと自分の頭で考えてみろ。盗まれたあんたもだ

極甘大天　え？わし？もしかして、わしも一緒に隠れた前提とやらの落とし穴に落ちておったのか？

超巨人　そうだろな

クリコ　イシューを考えたときを思い出そう…。えっと、きわめっちと私が考えているところにリスが現れて、人間ってのは悪い生き物だって言うから、まず犯人を捜さないとってなったのよ

極甘大天　あぁ、それで犯人はどいつだ？って調査を始めたんだぞい

超巨人　2人が無意識に置いていた暗黙の前提があったんじゃないか？

クリコ　もしかして…見てる世界が狭いってそういうこと!?

極甘大天　え？どういうこと？

さぁ、みんなも考えよう！

正解は…

犯人は「人間のだれか」という前提を置いていた

犯人は人間以外かも？

無意識に置いている前提に注意
隠れた前提をあぶりだすには、
意図的に具体化することが大事

 超巨人による**ナルホド**ナ解説

クリコたちは、「犯人を捜す」ということに「犯人は人間だ」という隠れた前提を当てはめて、犯人は人間のだれかだと考えてしまっとったんだろう。つまり、具体的には「犯人は（人間の）どいつだ？」というイシューで考えておったのではなかろうか？

このように、考える出発点であるイシューを特定しても、言葉にしていない暗黙の前提を置いて考える範囲を狭めてしまっては、答えが見つからんということにもなりかねんぞ。隠れた前提をあぶりだすには、自分が今どの範囲で考えているのか、意図的に具体化することが大事だ。「犯人は人間の中のだれか？」と具体化しておけば、答えに行き詰ったときに、人間以外の可能性はないか？と改めて考え直せるからな。

マスター　イシューの範囲に前提を置いて、狭いイシューになってしまわんようにな。あいまいなイシューには要注意じゃぞ

極甘大天　人間は悪い生き物だって言われたから、人間が犯人だとばっかり決めつけていた…

クリコ　ていうか、犯人は人間って狭めたのはだれだ？

リス　え？もしかしてバレた？そうかバレたか～。その通り、犯人はおいらだ～。どうだ、悪いだろう？美味かったぞ、超巨人モンブあん

全員　**お前か！**

消えた!?「超巨人モンブあん」のナゾ⑨
クリコ、最後の問い

> 犯人は人間だという前提でイシューを考え始めたばかりに、動物の可能性を考え切れなかったクリコ。にやにやしている惑わしのリスを、恨めしそうに睨みつけています。

リス　やれやれ、クリコはまだまだだなぁ

クリコ　なによ、私の「超巨人モンブあん」、どこにやったのよ！

リス　ほんとは一気に食べちゃおうと思ったんだけど、デカすぎて食べられないから、ちょっと隠してあるぜ

クリコ　いいから、返しなさいよ！私の「超巨人モンブあん」なのよ!!

リス　まあまあ、待てって。これもクリティカル・シンキングを身につけるためのクリコの試練ってことさ

マスター　そうじゃのぅ。クリティカル・シンキングをするにあたって、大事な姿勢は何か、ここで考えてみようかの

クリコ　うわ、マスターここで出てきたよ！もう解説の時間？

マスター　まぁ、最後くらいええじゃろ。ここまでを振り返ってみるかの。こうなってしまうのはクリコに何が足りないんだと思う？

クリコ　私に足りないもの…？

マスター　そうじゃ。クリコにはクリティカル・シンキングをするうえで、大事な心構えを持ってほしいのぅ

クリコ　心構え？クリシンって考えるスキルじゃないの？

マスター　スキルはスキルなんじゃが、そのスキルを使うための基本姿勢が大事なんじゃ

クリコは自分に何が足りないのか、ここまでのチャレンジを振り返るのでした。

選択肢

選択肢はなし
自分で考えてみよう！

私に足りてない、大事な心構え？

さあ、みんなも考えよう！

正解は…
**「おいワタシ、それでいいのか？」と
自分自身に対してクリティカルに、
批判的/客観的な姿勢を持つこと**

自分を疑えってことか

知らず知らずのうちに
隠れた前提や思い込みで考えてしまうもの
自分の思考にクリティカルに、前向きに疑う姿勢が大事

マスターによるナルホドナ解説

　クリコは隠れた前提や思い込みが多かったのぅ。人間は誰しも、過去の経験などから知らず知らずのうちに前提を置いてしまったりするもんじゃ。だからこそ、自分の思い込みがないか、客観的に、クリティカルに考えることが大事なんじゃ。つまり、自分に対してクリティカル＝批判的に見てみることが、よりよい思考につながっていくぞ。

　自分の思い込みがないか、無意識に置いている前提がないか、前向きに疑う姿勢こそがクリティカル・シンキング上達の第一歩なんじゃ。一度立ち止まって、自分自身に「それでいいのか？」と問いかけることで、クリティカル・シンキングが身についていくからの。

クリコ　たしかに、隠れた前提とか勝手な思いこみでうまくいかないこと多かったわ。「それでいいのか？」って自分に問いかける姿勢が大切ってことね

リス　成長したなぁ、ひひひ

クリコ　あんたが惑わしたのが悪いのよ！

マスター　クリコ、クリティカルに、批判的になるのは、自分自身に対してじゃ！他人に対してではないぞ！

クリコ　りょっス！「おいワタシ、それでいいのか？」を肝に銘じていくぞ!!

こうしてクリコは、様々なチャレンジを通じて、クリティカル・シンキングの真の意味にたどり着いたのでした。
つづく…のか？

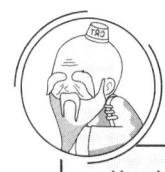

第III部まとめ解説

第III部どうじゃったかな？

これまで学んだポイントをしっかり活用できるように、注意点や応用法など学んでもらったわけじゃが、クリティカル・シンキングのコツが掴めたんではないかな？では、ポイントを整理するとしよう。

【イシューを考える、ここに気をつけよう】

・目の前の事象に飛びつかないためにも、背景や状況を整理する

これまでイシューについて何度も学んできたが、最後にワンモアアドバイスを授けるぞ。イシューを特定するとき、つい目の前で起こっていることに飛びつきがちじゃが、そんなときこそ冷静になって、一旦立ち止まろう。そして、今置かれた状況を整理し、背景を確認したうえで、そもそも何を解決すべきか？という視点でイシューを設定することが大事じゃな。じゃないと、とんちんかんな方に進んでしまうこともあり得るぞ。イシューを考えるときは、まずは慌てず騒がず、冷静に状況を整理する。覚えておいてくれよな。

【問題分析、ここに気をつけよう】

・MECE（＝モレなくダブりなく）に分解することを意識し、具体的な分け方にも注意する

問題の発生した部分を見落とさないためにも、事象の全体をモレなく押さえることが大事じゃ。しかしな、第I部まとめのMECEの解説もあったようにモレだけではなく、ダブってしまうとダメなんじゃが、境界線が曖昧だとダブるリスクがあるということに気をつけよ。例えば、会社で離職率が上がっているという問題に対して、若手・中堅・ベテランという分け方で調査すると、40歳の社員を若手と捉える人もいれば中堅と捉える人もいるかもしれんし、年齢ではなく社歴で中堅かベテランか判断する人もおるかもしれん。これでは結局どの社員層の離職率が上がっておるか、さっぱりわからなくなる。若手は、年齢で定義して30歳未満とか、役職で定義して主任以下とかダブらんように具体的な分け方を定義することが、効率的な問題分析を行うコツじゃぞ。

216

【帰納的思考、ここに気をつけよう】

・観察事項の具体的なポイントに着目することで共通項を導き出す

　帰納的思考とは、複数の観察事項から共通項に着目し、ルールや結論を導く思考法じゃったな。でも、それぞれの観察事項に対する知識がなければ共通点なんかわからん〜なんてこともあるじゃろ。そんなときは知識がないからと諦めてはいかんぞ。今回のお話にもあったように、具体的に和菓子の製造工程や原材料の栽培方法に着目するなど、具体的に観察事項を様々な視点から考えてみることがヒントにつながるぞ。知識がなくても、諦めない心や粘り腰で共通項を導き出す！頑張ってくれよな。

・軽率な一般化に注意する

　結論を導き出すとき、たまたま目にした表面的なことにとらわれてはいかんぞ。特に、先入観で見ているときは要注意じゃ。ふと目に留まった事象や、先入観から導かれた結論をあたかも一般論としてしまうことを、軽率な一般化というんじゃ。例えば、「自分の周りにいるＢ型の人はマイペースな人ばかりだから、Ｂ型の人は全員マイペースに違いない」と決めつけてしまうようなことじゃ。人はつい先入観に左右されてしまう生き物。帰納的思考を使うときは、軽率な一般化にご用心。覚えておいてくれよな。

・不適切なサンプリングに注意する

　不適切なサンプリングとは、自分に都合のよい情報だけを集めて間違った結論を導いてしまうことじゃ。例えば、「今週末は晴れ予報で天気がよい」「先月、子どもたちもテーマパークに行きたいと言っていた」という情報をもとに、家族に「今週末はテーマパークに行こう」と提案するとしよう。じゃが、「晴れるけど、気温が高くて猛暑だぞ」「先月は行きたいって言ったけど、今週末は友達と約束があるよ」という感じで却下されたりする。自分がテーマパークに行きたいばっかりに、結論を出すのに都合のよい情報だけで根拠づけてしまったりするもんじゃ。手元の情報から結論を出したら、本当にそう言えるか？適切な根拠がそろっているか？などチェックすることが大事なんじゃ。自分に都合のよい情報だけを並べて判断していないか、不適切なサンプリングには気をつけてくれよな。

【演繹的思考、ここに気をつけよう】

・ルールとケースのミスマッチに注意する

　ルールとケースのミスマッチとは、本来結びつかない、もしくは結びつけてはいけないルール・一般論をケース（観察事項）に当てはめて、誤った結論を出してしまうことじゃ。例えば、「ストレッチした目標設定が部下の成長を促す」という一般論に、最近成果が上がらず自信をなくしているＡさんに当てはめて、Ａさんにストレッチした目標を設定したとしよう。自信をなくしているＡさんは、成長どころか、高すぎる目標にますます意欲が下がってしまうかもしれん。当てはめるルールを間違うと、間違った結果になることもあるから、ルールとケースのミスマッチには注意じゃよ。

【意見や情報の引き出し方も、工夫しよう】

・ハードルを下げたり、考える範囲を狭めたりして答えやすくする

　欲しい答えを引き出すのに、オープンクエスチョンすぎても相手を悩ますし、クローズドクエスチョンだけでも難しかったりするの。そんなときは答えるハードルを下げたり、考える範囲を限定するのも、ひとつの工夫だぞ。例えば、質問するときに「ざっくりでいいので」といった枕詞をつけて気軽に答えやすくしたり、「この1週間で」など考える範囲を狭めることで、相手もアイデアを考えやすくなるもんじゃ。欲しい答えを引き出すためにも、質問の仕方もひと工夫が必要じゃぞ。

【基本姿勢を忘れないで】

・思い込みや隠れた前提を置いてないか、自分自身にクリティカルになる

　いよいよ最後じゃな。なんだか寂しくもあるが、最後にクリティカル・シンキングの最も大事なポイントを改めてお伝えするとしよう。

　我々人間は、知らず知らずのうちに、思い込みで考えてしまったり、自分が当たり前だと思っている前提が隠れておったりするもんじゃ。だからこそ、自分の思考にクリティカル（批判的/客観的）に、前向きに疑う姿勢が大事。これがクリティカル・シンキングと呼ばれるゆえんなんじゃ。

　これからの人生いろんなことがあると思うが、何かを前に進めたいときは一度立ち止まって、自分自身に「おいワタシ、それでいいのか？」と問いかけてくれ。そうすることで、クリティカル・シンキングが身について、よりよい未来が待っておるぞ。頑張ってくれよな。クリコと一緒に応援しとるぞ！

ゆるコラム.3

かみ合ったコミュニケーションに
「Why?」「So What?」は欠かせん

～著者によるおしゃべり解説～

仲道 ゼニゼニさんとまろみ庵さんとジュテームさん、3人でパリ旅行なんて、仲良しになったんですねw

池田 だけど、3人の会話、全然かみ合ってないんですけどー

仲道 たしかに。ゼニさんは好きなこと言っちゃうタイプだったんですね

池田 せっかくパリ感を楽しんでるのに、いきなりお寿司屋さんに誘われて、そりゃなんで？ってなりますよね

仲道 理由も言わないと、どうして？「Why?」ってなりますよね

池田 そして、ゼニさん、「で？」って厳しすぎるでしょ

仲道 まろみ庵さんもジュテさんも焦っちゃってましたねw

池田 もしかしたらゼニさんは、単に事実だけ言われて「日が暮れるから、どうしたいの？」って困っちゃったのかも

仲道 なるほど

池田 もちろん、共感を示して「日が暮れますねぇ」って返したりもしますけど、日が暮れるから「早く帰ろう」とか「足元気をつけて」とか言ってくれないと、何が言いたいのかわかんないときもありそうです

仲道 たしかに。事実を踏まえて、だから何なの？「So What?」を伝えないとかみ合わなくなることもありますよね

池田 かみ合ったコミュニケーションをするためには、「Why?」と「So what?」にも答えようってことが大事ですね

最後まで読んでいただきありがとうございます。
大事な一歩を踏み出すとき、クリコの大冒険を思い出して
「おいワタシ、それでいいのか?」と
問いかけてみてくださいね!

［著者略歴］

仲道哲二（なかみち・てつじ）

明治大学卒業。グロービス経営大学院MBA修了。
大手化粧品メーカーで営業職を経験後、映像ディレクターに転身。NTT東日本、バンダイナムコ、レゴジャパンなど数々の企業CMをはじめ、aiko、DA PUMPなど人気アーティストのMusic Videoや、Google、リクルートなどの企業プロモーション映像をディレクターとして企画・演出。受賞歴は、ACC賞、アジア太平洋広告祭 ブロンズ（Cyber Lotus）など。2018年よりグロービスに参画。現在、マネジャーとして社会人向け学習サービス「GLOBIS学び放題」や「eMBA」のコンテンツ開発に従事。他にも株式会社パブリックアートの社外取締役を務める。

池田阿佐子（いけだ・あさこ）

京都大学農学部卒業。スペインIESE Business School：PLD（Program for Leadership Development）修了。
大学卒業後、健康食品メーカーに入社し、商品開発部門の責任者として多くの商品開発に携わる。グロービス入社後は法人営業部門にて、企業の人材育成や組織開発を支援。名古屋の法人営業チームのリーダーを経て、現在は福岡オフィス法人営業部門の責任者を務める。加えて、講師として、ビジネススクールのクリティカル・シンキングやビジネス・プレゼンテーションのクラスに登壇。企業研修では、問題解決力やコミュニケーション力の強化からアクションラーニングまで担当している。また、クリティカル・シンキングをはじめとするプログラムの教材開発にも注力。「GLOBIS学び放題」のコンテンツ開発も手掛ける。共著として『改訂3版 グロービスMBAクリティカル・シンキング』（グロービス経営大学院著 ダイヤモンド社 2012）がある。

［監修］

株式会社グロービス

論理と感性を磨く！
クリティカル・シンキング

2025年3月1日　　初版発行

著　者　　　仲道哲二／池田阿佐子

発行者　　　小早川幸一郎

発　行　　　株式会社クロスメディア・パブリッシング
　　　　　　〒151-0051 東京都渋谷区千駄ヶ谷4-20-3 東栄神宮外苑ビル
　　　　　　https://www.cm-publishing.co.jp
　　　　　　◎本の内容に関するお問い合わせ先：TEL（03）5413-3140／FAX（03）5413-3141

発　売　　　株式会社インプレス
　　　　　　〒101-0051 東京都千代田区神田神保町一丁目105番地
　　　　　　◎乱丁本・落丁本などのお問い合わせ先：FAX（03）6837-5023
　　　　　　service@impress.co.jp
　　　　　　※古書店で購入されたものについてはお取り替えできません

印刷・製本　　株式会社シナノ